KB214892

위기에 강한 리더 이재명

# 위기에 강한 리더
# 이재명

성남시장에서
21대 대통령 후보가 되기까지
성과로 증명한 유능한 리더십

오세진, 이연 지음

아시아

# 차 례

# 1부

## 인권변호사·시민운동가 시절

• 1989년~2010년 6월

# 1

## '특권과 반칙' 없는 사회를 위해
## '비리 커넥션'을 밝히다

**파크뷰 특혜 분양 사건, 토건 마피아,
정관계 카르텔을 수면 위로**

1989년 3월 이재명은 성남시청 건너편인 신흥1동에 변호사 사무실을 개업했다. 그가 내건 두 가지 결심은 이랬다.

"돈을 변호하지 않고 사람을 변호하겠다."

"이익을 변호하지 않고 정의를 변호하겠다."

그는 '변호사 이재명' 명패 옆에 '민생 변론'이 적힌 액자를 놓았다. 민주사회를 위한 변호인 모임(민변)에 가입해 활동을 시작했고, 성남공단의 사건들을 포함해 다양한 시국 사건들이 줄줄이 터져 나왔다. 일반 변호사들이 기피하는, 돈 안 되고 골치 아픈 사건들이었다. 그렇게 25살의 청년 변호사 앞에 사회의 부조리가 폭포수처럼 쏟아지고 있었다.

'성남시민모임'의 실무 책임자를 맡아 성남시 곳곳의 부조리한 일들을 밝혀나가던 이재명은 파크뷰 특혜 분양 의혹을 맞닥뜨린다. 이 사건은 이 사회의 '반칙과 특권'의 종합판이었다. 부조리를 뿌리 뽑기 위해서는 일단 그 부조리를 드러내야 했다.

분당의 요지 백궁역 부근엔 상업용지로 지정돼 아파트를 지을 수 없는 땅 3만 9000평이 있었다. 이것을 건설업자 홍모 씨가 자금 100억 원을 끌어와 매입했고, 이후 이 땅의 용도가 고급 주상복합 용지로 변경된다. 이 용도변경의 최종 권한은 성남시장에 있었다. 분당 주민들의 생활 편의를 위한 상업시설과 일자리를 제공하는 업무시설이 들어설 자리를 베드타운이 대체한 것이다. 분양 첫날 부터 1만 명이 몰렸던 고급 주상복합 아파트 일부를 누군가 빼돌렸 다. 아파트 건설업자는 엄청난 차익을 누렸고, 정관계 유력 인사들은 특혜 분양을 받아 챙겨 특권에 따라오는 이권을 누렸다.

성남시민모임 집행위원장 이재명은 백궁·정자지구의 용도변경이 처음부터 잘못돼 있다는 점을 간파했다. 그리고 이 점을 집요하게 파헤쳤다. 반칙과 특권이 시작된 지점은 시민들로부터 위임받은 지방자치 권력의 일탈에서 비롯된 거였다. 이재명은 "2000년 5월 성남시는 주민 여론조사를 조작하면서까지 분당구 백궁·정자지구 중심상업지구를 아파트 단지로 바꿔주었다. (…) 나는 이 사업이야 말로 성남시가 사업자에게 특혜를 준 사건이라고 판단했다"고 회상한다.

이재명은 이 사건의 배후에 토건업자와 정관계, 검찰, 언론으로 이어지는 엄청난 커넥션이 버티고 있다는 사실을 알게 됐다. 젊은

변호사 한 명과 무력한 시민단체가 맞서 싸우기에는 너무나 버거운 싸움이었다. 하지만 이재명은 물러서지 않았다. 20억 원을 주겠다는 토건업자의 회유, 가족을 해치겠다는 협박이 이어졌다. 총기 소지 허가를 받아 6연발 가스총을 사서 뒷주머니에 차고 다닌 적도 있었다.

결국 비리의 실체는 드러나기 시작했다. 2002년 김은성 전 국정원 2차장의 탄원서가 공개되면서 파크뷰아파트 1829세대 가운데 449가구가 사전·특혜 분양된 것이 밝혀졌다. 고위공무원과 국정원 간부, 판사, 검사 등 130여 명이 이 특혜를 받았다. 이 특혜 분양을 모의한 혐의로 시행사 대표 홍씨를 비롯해 건설업자들과 성남시 관계자들이 줄줄이 구속됐다.

이재명은 특혜 분양을 넘어, 백궁·정자지구의 용도 변경에 어떤 특혜가 있었는지 알아내려 했다. 부정부패의 고리가 지방 정치 권력의 타락으로 인해 시작된다는 것을 이재명은 알고 있었다. 그는 특혜분양 사건에 대해 취재하는 KBS '추적 60분'의 취재와 인터뷰에 응했다. 인터뷰 도중 PD에게 전화가 걸려왔는데, 파크뷰 토지를 용도 변경해준 전 성남시장이었다. PD는 본인이 파크뷰 담당검사라고 하며 솔직하게 대답해야 잘 처리해 줄 수 있다고 말했고, 이를 믿은 성남시장이 내막에 대해 말해줬다. 이재명은 기자나 피디는 사건의 진실을 알기 위해, 저렇게 속임수를 쓰나보다 하고 옆에서 지켜봤는데 성남시장은 이재명을 검사사칭 공동정범으로 기소했다.

이재명이 폭로한 성남시장의 대화 내용은 충격이었다. 성남시장은 시행사 대표 홍모 씨와 친분을 드러냈고, 청와대 출신 정계 인사와 홍모 씨와의 긴밀한 관계를 입증할 수 있는 발언들을 했다. 검찰 고위 인사와 유착을 의심케 하는 발언도 나왔다. 민주화 이후 정관계와 민간 개발업자들이 어떻게 이 사회를 농락하고 특권을 챙겨왔는지 그 민낯을 보여주는 내용이었다. 그럼에도 불구하고 정관계 로비 및 특혜 의혹에 대한 수사는 더디게 진행됐고, 검찰은 이재명과 PD를 재빠르게 먼저 잡아넣었다.

분당 파크뷰 사건은 반칙과 특권의 시대가 끝나고 있음을 웅변해주는 사회 전환기의 스캔들이었다. 부정부패를 뿌리 뽑아야 하는 이유를 모두에게 각인시켰다. 이재명은 전과자가 됐지만, 대한민국 사회의 부정부패 커넥션을 밝혀내는 데 일조했음을 부인할 수 없다.

**분당 파크뷰 의혹 입체 추적**
**검찰·여당·특정지역 인사들의 삼각 커넥션**
신동아(2004년 9월 1일)

# 2

## 정치의 공적 역할,
## 그 선례를 만들어내다

성남시립의료원 건립 운동 전개,
결국 시민은 승리했다

2003년 초, 태평동 성남병원이 아파트로 변했다. 2003년 말에는 태평3동 예일병원이 아파트가 됐다. 병원은 아파트를 지은 대가로 돈을 벌었지만, 1000여 명의 의사, 병원 노동자들은 실업자가 되어 뿔뿔이 흩어졌다. 수정구와 중원구에는 병상이 490개인데, 새로 생긴 분당구에는 종합병원만 5개, 병상 1800개가 들어섰다. 동네에 따라 의료서비스 차이가 극과 극으로 나뉜 것이다. 지역 병원에 의지하던 수정구와 중원구 주민들에게는 심각한 일이었다. 이제 중증 위급환자가 발생하면 서울이나 분당까지 이송해야 하는 상황이었다. 하지만 시와 시의회는 예산 핑계를 대며 별다른 대책을 내놓지 않았다.

성남의 병원들이 잇달아 폐업하면서 '성남시립병원 설립운동본부'가 생겨났다. 원래는 병원 폐업을 막기 위한 목적이었지만, 비정한 경제논리에 부딪힌 이들은 새로운 '시민 병원'을 만들자는 것으로 목적을 바꾼다. 성남 시립병원 설립을 목표로 한 조례제정 운동의 시작이다. 이재명은 성남시립의료원 노동자를 돕다가 자연스럽게 공공 의료에 관심을 가졌고, 성남시민병원의 필요성에 절감하게 된다. 정치의 공적 역할, 공공 이익에 복무하는 지자체의 역할에 본격적으로 눈을 뜬 것이다.

"적자가 나니까 하지, 흑자가 나면 왜 하나? 민간에서 하면 되지. 공공영역은 돈이 안되고, 적자가 나지만 필요하니까 하는 거다. 공원이나 공연장처럼." 이재명의 생각이었다. 2004년 성남시립병원 설립 추진위원회 공동대표를 맡았다. 시립병원을 만들려면 시의회에서 근거 조례를 제정해야 했다. 대한민국 최초로 '주민발의 조례 제정'에 나섰다. 대한민국 지방자치법 법령집에 잠들어 있던 '주민발의 조례' 조항을 끄집어낸 것이다.

추진위원들과 함께 한겨울 길거리에서 마이크를 들고, 주민 발의 참가자들을 모았다. 3주만에 주민발의자 18595명을 모아 주민 발의 조례를 성남시에 접수했다. 시립병원 설립 지지 서명에는 20만 명이 넘는 시민들이 참여했다. 구도심 지역 시민 50만 명의 절반에 이르는 숫자였다.

하지만 시민의 열망은 좌절됐다. 2004년 3월 24일 성남시 의회는 시민의 열망을 담은 설립 조례를 심사키로 한다. 그러나 한나라당 소속 다수 의원들은 해당 조례안에 대해 심의 보류 결정을 내린다.

단 47초만이었다. 1만 8000여 명의 시민들과 운동 단체, 이재명의 노력이 좌절되는 순간이었다. 이에 민주노동당 김미라, 김기명 의원 등 일부가 이의를 제기했으나 비정한 시의회는 산회를 선포했다. 분노에 찬 시민들은 회의장 안으로 들어가 항의했고, 시의원들은 모두 도망갔다. 시민들과 이재명은 털썩 주저앉아 엉엉 울면서 항의했다.

당시 심의 보류 결정 후 울분을 토하는 이재명의 표정이 찍힌 사진은 역사에 남게 됐다. 시민들은 본회의장을 점거해 항의 농성에 들어갔다. 이 과정에서 시의원들이 몸싸움을 벌여 주민과 공무원 10여 명이 다쳤다. 이재명은 의회 충돌 사건의 주동자로 기소돼 벌금 500만 원을 선고받았다. 같은 해 9월 14일 성남시 의회는 무기명 비밀투표로 성남시립병원 조례안을 부결 처리한다. 이로써 전국 최초로 주민이 발의한 성남시립병원 조례안은 본 회의에 안건조차 상정되지 못한 채 폐기되고 만다.

끝났을까? 끝이 아니었다. 이재명과 시민들은 대책을 세우기 위해 시청 앞의 주민교회 지하실에 모였다. 그리고 억울하고 착잡한 마음을 억누르며 다짐했다.

"우리가 시장합시다."

이재명은 2010년 지방선거에서 성남시장에 출마해 당선된다. 성남시립병원 건립은 제1공약이었다. 이재명은 이를 실현시켰다. '이재명은 합니다'의 슬로건과 맞닿은 성과였다. 정치는 시민들의 염원을 실현해야 한다는 걸 보여준 사례다. 이후 10년 후인 2020년 5월 6일 성남시립의료원은 수정구 태평동 3309일대에 대지 지하 4층,

지상 10층, 일반 병상 431개, 상급 병상 33개, 집중치료실 45개 등 총 509실 병상을 갖췄다.

이재명은 경기도지사 시절에도 당시를 회상하며 공공 의료와 정치의 공적 역할에 대한 생각을 내비쳤다. 이재명은 "시의회가 주민 발의 조례를 47초만에 날치기 부결했다"며 "몇몇 정치인들 손에 순식간에 조례가 휴지 조각이 되었다. 당시 현장에서 울분을 참지 못해 시민과 함께 항의하다가 특수공무집행방해죄로 수배됐다. 내 전과 중 하나가 이렇게 생겼다"며 "기득권 세력은 이익이 없는 한 국민 건강과 생명에 관심이 없다. 시장이 돼 내 손으로 바꾸겠다고 생각했다"고 말했다.

이렇게 시작된 성남의료원은 코로나19 상황에서 중점치료 거점병원으로 공공의료 역사를 새로 썼다.

'내가 시장돼서 짓겠다'…
성남의료원 우여곡절 개원
KBS 뉴스(2019년 12월 18일)

# 3

## 권력 감시를 통해
## 언론의 자유를 지켜내다

**성남시장의 부정대출 사건
진실 파헤치기**

성남일보 권모 기자는 2003년 10월 이대엽 성남시장과 관련해 이런 기사를 썼다. "이대엽 성남시장 취임 이후 성남시는 '제한경쟁 입찰'이던 시금고 선정 방식을 '수의계약'으로 바꾼 뒤, 2002년 11월 6일 수의계약으로 농협중앙회 성남시지부를 시금고로 선정했다. 다음날인 11월 7일 농협 성남지부는 이 시장의 조카가 설립한 회사에 38억 원을 연리 2.35%의 저리로 대출해 특혜 의혹이 제기되고 있다."

당시 한나라당 소속인 이대엽 시장은 "악의적인 모략으로 명예가 훼손됐다"고 주장하고, 그의 조카, 조카 동업자와 함께 권 기자를 '정보통신이용촉진 및 정보보호 등에 관한 법률 위반'으로 검찰에 고소했다. 시민단체 '성남시민모임' 소속 이재명은 권 기자에 대한 무료 변론에 나섰다. 그는 권 기자가 쓴 기사들이 대부분 사실에 가깝다고 판단했다. 진실을 밝힌 사람이 억울한 전과자가 돼서는 안된다고 생각했다.

이재명은 재판 과정에서 이대엽 시장-농협-이대엽 시장 조카로 연결되는 유착의혹의 근거 자료들을 적극 발굴해 재판 과정에서 제시했다. 이대엽 시장 조카의 사업체가 설립되기 전 농협이 대출 심사를 진행한 기록이 나왔다. 대출이 이뤄진 시점이 법인 설립일 다음날이라는 사실도 공개됐다. 대출심사를 위한 '법인사업성 검토서'엔 엉뚱한 기업의 사업자등록번호가 기재돼 있었다. 대출 결정이 나기 전 일부 등기 업무가 완료된 것도 희한했다. 판사는 "통상 대출 결정이 난 후 등기 이전 업무를 마무리 짓는데 이번 경우는 납득하기 어렵다"고 했다.

총체적 부실 대출이었다. '특권'을 의심할 만한 정황들이었다. 이대엽 시장의 조카가 농협에서 대출한 돈으로 빌딩을 신축한 뒤 이대엽 시장이 성남시 산하 동사무소를 임대 방식으로 해당 빌딩에 입주시킨 사실도 드러났다. 이대엽 시장 측은 부인했지만, 정치자금 수수 의혹도 선거 때 이대엽 시장을 지원했던 사람들 사이에선 상반된 증언들이 나왔다. 결국 재판부는 고소인 이대엽 시장의 재판 출석을 명했다. 그러자 이대엽 시장은 권 기자를 상대로 한 고소를 갑자기 취하한다. 반의사불벌죄인 명예훼손 사건의 특성상 고소가 취하되면 재판도 더 진행되지 않는다.

이재명은 특혜성 대출 이자의 문제점을 파고들어 거액의 불법 대출이 실재했음을 증명한 것이다. 이대엽 시장과 이대엽 시장의 조카는 비리 의혹을 해소하지 못하게 사건을 묻어 버리기로 결정한 듯했다. 이재명은 처벌받을 사람은 권력의 감시 역할을 충실히 한 권 기자가 아니라, 권력을 사적으로 유용한 '시민의 공복'이라는 걸 입증해 냈다. 억울하게 전과자가 될 뻔했던 권 기자는 재판에서 이길 수 있었다. 이 사건은 이재명이 변호사로서 부패와 비리에 맞선 기자와 함께했던 일화로 남아있다.

베일 벗은 성남시 비리 종합세트…
'몸통'은 이대엽 전 시장?

뉴시스(2010년 11월 1일)

# 4

## 오래된 모순,
## '친일 청산'에 손을 보태다

### 민족문제 연구소 고문변호사 활동으로
### '역사 바로세우기'에 나서다

안타까운 일이지만, 대한민국은 기득권 세력의 나라이다. 보통 사람들의 공화국이라고 보기에 거리가 멀다. 대한민국을 지배한 특권 세력의 원류는 일제 강점기 친일파들로부터 유래한다. 이재명은 일관되게 이 같은 역사의 모순을 지적해 왔다. 역사 바로 세우기는 대통령 한 명 바꾼다고 되는 게 아니다. 함께 기록하고, 기억하며, 더디지만 조금씩 앞으로 나아가는 일이다. 먼저 지치면 패한다.

이재명은 평소 "대한민국 건국은 완전히 백지 위에서 선량한 국민들로 이뤄지지 않았다. 친일 청산을 못하고, 오히려 일제에 부역했던 인사들이 대한민국 정부의 주축으로 참여한 안타까운 역사가 아직도 대한민국에 큰 영향을 미치고 있다"라고 말해왔다.

이재명이 인권변호사, 시민변호사로 활동하던 시절에 관심을 두었던 건 대한민국의 근원적 모순과 마주하는 일, '과거사 바로 세우기'였다. 이재명은 2005년부터 2009년까지 민족문제연구소 고문변호사를 맡아 활동한다. 민족문제연구소는 한국 근현대사의 쟁점과 과제 연구 해명, 한일 과거사 청산을 통한 역사 바로 세우기, 친일인명사전 등 친일문제연구총서 편찬, 통일시대 역사문화 운동 등을 목표로 1991년 설립된 단체다.

2007년, 우정사업본부는 대한의원 100주년을 기념하는 우표를 발행할 예정이라고 발표했다. 대한의원은 일제가 식민지 지배를 목적으로 세운 것으로 조선통감 이토 히로부미의 지시로 1907년에 설립된 것이다. 우표 발행 계획에 대해 비판의 목소리가 터져 나온 것은 당연한 일이었다. 대한의원을 기념하는 것이 과연 제대로 된 역사 인식인지, 대한민국이 나아갈 미래에 건설적인 기여를 할 수 있겠는지 의문이 제기됐다. 이재명은 이를 막기 위해 우정사업본부를 상대로 '우표 발행 중지 가처분 신청'을 냈다. 하지만 결국 기각되고 우표는 발행됐다. 그러나 헛된 일은 아니었다. 이 소송은 2007년 한국사회의 역사인식 수준에 대한 증거물이 됐다.

2008년 민족문제연구소 산하 '친일인명사전편찬위원회'는《친일인명사전》발간을 위해 4776명의 명단을 발표하고, 두 달간 이의신청을 받았다. 기득권 사회가 들썩였다. 이의와 반발, 소송이 이어졌다. 동아일보 창업주 김성수, 박정희 전 대통령 유족 등 명단 속 118명의 유족이 이의 신청서를 냈다. 기득권 세력은 집요하게 반발했다. 발행금지 가처분, 명예훼손 소송 등으로 쟁송이 벌어지자,

《친일인명사전》발간은 연기된다. 이재명은 고문 변호인단으로 민족문제연구소의 친일인명사전 관련 소송을 지원한다.

마침내 2009년 11월 8일, 《친일인명사전》은 세상의 빛을 보게 된다. 최종 4389명의 친일 행위를 기록한 《친일인명사전》은 일본의 국권 침탈, 식민통치, 침략전쟁에 적극적으로 협력한 이들의 행각을 역사에 기록했다. 박정희 전 대통령, 장면 전 국무총리, 김성수 전 부통령, 서정주 시인, 안익태 작곡가, 최승희 무용가 등 유력 인사들의 이름이 친일 행적과 함께 사전에 숨김 없이 담겼다. 반민족행위 처벌을 위해 1948년 설치했던 반민족행위특별조사위원회가 성과 없이 해체된 지 60년 만에 얻은 결실이었다.

후일 경기도지사가 된 이재명은 "역대 기관장들의 친일 행적을 기록해야 한다"며 친일 잔재 청산 작업 추진의 일환으로 《친일인명사전》에 등재된 역대 도지사들의 친일 행적을 명시했다. 경기도는 도청 신관에 걸린 역대 도지사 액자 가운데, 구자옥·이해익·최문경·이흥배 등 1대, 2대, 6대, 10대 경기지사의 액자 아래에 친일 행적을 기록했다. 그리고 경기도 홈페이지에 이 사실을 공개했다. 이재명은 "과거 청산이란 과거에 얽매이거나 보복을 위한 것이 아니다. 자랑스러운 역사도, 부끄러운 역사도 모두 공정하게 드러내놓는 것"이라고 말한다.

## 이재명, 2년 전부터 경기도 차원에서 친일청산 내세워

조선일보(2021년 7월 3일)

# 5

## 목소리 없는 사람들의
## '인권'을 길어 올리다

### '일용직 노동자', '노점상인'들에 대한
### 법률 지원에 나서다

변호사 이재명은 사회 약자인 일용직 노동자, 그리고 법의 사각지대에서 생계를 이어가던 노점상인 등 법적으로 권익을 보호받기 어려운 이들을 위해 적극 나섰다.

1980년대와 1990년대 성남시는 주거 문제뿐 아니라 일자리 문제가 심각했다. 성남시 복정동에는 매일 새벽 4시만 되면 1천여 명의 일용직 노동자로 북적이는 전국 최대 규모의 인력시장이 있었다. 우리가 흔히 '노가다', '잡부'라 부르던 이들이었다. 경제 발전으로 전국에 아파트가 들어서던 그 시절 기하급수적으로 늘어난 게 건설 일용직 노동자들이었다.

일용직 건설 노동자들은 현장에서 목숨을 잃는 일이 빈번했다.

비극적인 산업재해가 발생해도 따지기 어려웠다. 당시 일용직 건설 노동자들은 '사용자'가 모호한 탓에 지금은 당연해진 사회보장제도나 임금 교섭 등에 있어서 불이익을 받았다. 이들은 당연히 보장받아야 할 근로기준법을 비롯해 각종 법, 제도의 보호의 사각지대에 놓여 있었다.

1987년 민주화 이후 전국 노동자들은 노조를 결성해가고 있었다. 일용직 노동자들 사이에서도 최대 화두는 노동조합 결성이었다. 그런 와중에 1989년 처음으로 복정동 건설일용노조가 만들어졌다. 성남에서 활동하던 이재명이 법률 고문을 맡았다. 그는 일용직 노동자들의 권익 보호를 위해 산업재해, 임금, 노동 조건, 취업 등에 대해 법률 상담을 해주며 이들을 도왔다. 노동자의 형태가 다양해져가던 시절, '조폭'으로도 오해받던 일용직 노동자들의 권익은 그렇게 조금씩 향상돼 갔다.

생계를 위해 거리에 나섰던 '노점상' 종사자들도 우리 사회 음지에서 삶의 투쟁을 이어가던 사람들이었다. 86아시안게임, 88올림픽 등을 치르면서 노점상은 '환경미화', '거리질서확립' 등의 명목으로 폭력적 강제 단속에 노출됐다. 노점상 상인들의 사망 등 사고가 잇따르자 이들은 연대 필요성을 느꼈다.

1987년 4월에 성남시노점상총연합회(이하 성남노점상연합회)가 결성됐다. 회원들은 하대원동 강제 철거 반대 운동 등 노점상 생존권을 위한 각종 운동 등을 전개했지만, 단속반에 맞섰던 회장과 총무가 구속되는 어려움을 겪으며 사실상 해체되고 말았다.

1990년, 노점상 종사자들은 다시 모였다. 해체됐던 '성남노점상연합회' 재건을 위해서였다. 발대식에 참석한 400여 명의 상인들은 절박했다. 성남시가 이들을 장사가 안 되는 외진 곳으로 강제 이주하게 해 생존권이 위협받고 있다며 이주 백지화를 요구했다. 이 과정에서 강압적인 단속과 무리한 철거가 이어졌다. 다수의 부상자, 구속자가 발생했다. 성남노점상연합회 결성을 도운 김광수 목사가 시무하던 은행골 교회로 경찰이 난입했다. 이재명은 당시 사건으로 구속된 사람들을 변호하고 노점상들을 도와 함께 싸웠다.

노점상과 일용직 노동자, 이들은 도시 빈민 문제, 인권 문제, 사회 경제 구조의 문제 등이 응축된 이 사회의 '유령'과 같은 존재들이었다. 이들이 원한 것은 간단한 것이었다. 바로 '인간다운 삶'. 이재명은 사회 모순의 집약체인 소외된 노동자, 상인들에 주목했다. 그리고 그들의 권익을 위해 행동에 나섰다. 물론 이재명 혼자 한 일은 아니었다. 이재명과 같은 사람들이 있어 사회는 더디지만 조금씩 전진하고 있었다.

# 2부

## 성남시장 시절

### 민선5기
- 2010년 7월1일~2014년 6월30일

### 민선6기
- 2014년 7월1일~2018년 3월14일

# 1

## 모라토리엄에서
## 채무 제로까지

### 성남시 빚을 청산하다

성남시장이 된 이재명을 기다리는 것은 7천여 억 원의 빚이었다. 전임 시장이 초호화 청사와 황금도로, 토건 사업 등에 쏟아부은 돈이 고스란히 빚으로 남은 것이다. 청사 건축비가 3000억 원이 넘었고, 1.5km구간 도로 확장공사 비용이 무려 3300억 원이었다. 시민들은 이를 빗대어 '황금도로'라 불렀다. 심지어 그 도로에 400억 원을 더 쓰게 돼 있었다. 작은 동네의 주거환경개선사업에 6270억 원이 쓰이기도 했다.

공정의 상실이었다. 당시 시 재정 상태로는 판교신도시 조성사업 차입금 5200억 원을 단기간에 갚을 수 없다고 판단했다. 취임 12일 만에 이재명은 모라토리엄(지급유예)을 선언했다. 지방자치단체가 재정난을 이유로 지급유예선언을 한 것은 처음 있는 일이었다.

이후 치밀한 재정 확보 작전이 시작됐다. 황금도로 공사 추가 비용은 동결됐다. 각종 사업을 구조조정, 예산 재검토를 통해 할 일은 하고, 불필요한 사업은 과감히 정리했다. 민간개발을 하려던 대장동 지역개발사업을 시 공공개발로 전환해 5500억 원가량의 이익을 남겼다. 공공기관 이전 부지 일부를 기부채납 받아 1300억 원을 확보하는 등 기존 정책을 바꿔 7000억이 넘는 이익을 시 재정에 보탰다. 비양심 고액체납자 2600여 명의 집을 끈질기게 찾아가 체납액을 징수했다. 반면 생활이 어려워 세금을 못 내는 체납자는 실태 조사를 통해 결손 처리하고, 나아가 일자리센터와 연계해줬다.

멀쩡한 보도블럭이 연말이면 갈아엎어지는 사태를 방지하기 위해 폐보도블록 재활용지침을 마련했다. 행사성 예산, 공무원 복지 사업 등은 과감히 줄여 재정 건전화를 이뤄갔다. 빚을 갚는 와중에도 사회복지예산은 오히려 늘어났다. 마침내 취임 3년 6개월 만에 부채를 모두 청산했다고 선언했다. 모라토리엄 도시에서 3년 만에 2013년도 안전행정부의 지방재정종합평가에서 우수기관으로 선정됐다. 이재명은 공직자의 의지에 따라 시정의 결과가 완전히 달라질 수 있다는 것을 증명해 보였다.

# 성남시 빚 6642억 모두 갚았다

인천일보(2018년 2월 5일)

# 2

## 성남시의
## 민원을 없애라

**'시 청사를 시민들에게 돌려주다'**
**─시장실 이전과 개방, CCTV 설치**

시청에 첫 출근한 날, 이재명은 기가 찼다. 시장 전용 엘리베이터가 기다리고 있었다. 시장실은 최상층인 9층에 있었다. 시장 부속실, 고충 처리 민원실까지 합해 $500\,m^2$에 이르는 아방궁이요, 펜트하우스였다. 공정하지 않았다. 일하려고 달려온 그가 있을 자리가 아니었다.

이재명은 2층에 있는 작은 도서관을 고쳐 시장실로 사용하기로 했다. 1층은 로비와 회의실, 세미나실 등 공유 공간이 있으니, 이곳을 제외한 최하층에 시장실을 만들어 시민들과 가깝게 소통하고 싶었다. 주변의 반대가 거셌다. 시장 업무의 기밀성 보장과 민원인 통제 등이 어렵다는 이유에서였다. 시장실이 점거당할 가능성도 있다고 중원경찰서장까지 찾아와 말렸다.

하지만 이재명은 '민원을 피할 생각을 하지 말고, 민원이 생기지 않게 시정을 펼치자'라고 다짐하며 애초의 결심대로 시장실을 옮겼다. 예상대로 시장실은 문전성시를 이뤘다. 이재명은 이를 반겼다. 선거 때면 시민들을 이곳저곳 찾아다니며 악수하는데, 직접 찾아온 시민들을 만나지 않을 이유가 없었다. 시간을 쪼개서 사용하면 됐다.

기존 시장실은 시민들에게 돌려줬다. '성남시청 하늘 북카페'로 만든 것이다. 어린이실과 열람실, 담소방, 모임방 등 각 방을 특화 운영하며, 시중보다 저렴한 가격의 원두커피를 자판기에서 뽑아 마시며 독서를 즐길 수 있는 시민 공간으로 탈바꿈시켰다. 새로운 문화 명소로 입소문이 나면서 타 지역 시민들도 찾아왔다. 하루 평균 이용객이 400여 명에 달하는 성남의 명소가 탄생했다.

시장실엔 또 하나 획기적인 변화를 줬다. CCTV를 설치한 것이다. 돈 봉투를 갖고 오거나 인사 청탁하려는 사람이 많아서였다. 성남시는 전임 시장 3명이 모두 뇌물수수죄로 구속됐다. 그만큼 토착 비리가 뿌리 깊었다. CCTV는 비리에 대한 폭로와 경고의 의미를 함께 담은 상징이었다. '부정부패, 비리척결'을 외쳐온 그의 의지가 강하게 드러난 순간이었다. 취임 1년 만에 성남시의 청렴도는 급상승했다. 국민권익위원회 발표에 따르면 2011년 기준 129위로 이전

해에 비해 83계단 껑충 뛰어올랐다. 성남시에 좋은 바람이 불고 있었다.

## '절망의 소리에 귀 기울이다'
## – 저소득층 청소년 생리대 지원, 학자금 대출 이자 지원

2016년 이재명은 충격적인 뉴스를 접했다. 저소득층 여학생들이 생리대를 살 돈이 없어서 외출을 못하고, 생리대 대신 깔창과 휴지를 이용한다는 것이었다. 어려서부터 온갖 일을 겪어온 그였지만, 직접 겪지 못한 일이라 놓친 부분이었다. 생리대 지원은 돈의 문제가 아닌 철학과 의지의 문제였다. 이재명은 이 일을 통해 스스로 깊이 반성하고, 주민 삶을 더 폭 넓게 살피는 계기가 됐다고 말한다.

이재명은 지자체 중 가장 먼저 저소득층 청소년 생리대를 지원한다고 발표했다. 8억 4600만 원의 예산을 편성해 3500여 명 대상자에게 월 2만 원 상당의 생리대를 지원하였다. 성남시는 이 사업으로 보건복지부가 시행한 '2016년 지역복지사업 평가'에서 최우수 기관으로 선정되었다.

대학 입학과 동시에 많은 대학생들에게 무거운 짐이 따라온다. 학자금 대출이라는 빚이다. 이재명은 청년들의 짐을 나눠서 지기로 했다. 학자금 대출이자를 전액 지원하기로 한 것이다. 수백, 수천만 원의 학자금을 대출받고, 매월 이자를 내기 위해 공부보다 아르바이트에 시간을 더 쏟게 할 수는 없었다.

2013년 당시 대학 졸업 후 대출금, 등록금 대출이자를 못내 연체된 사람이 7만 명이 넘었다. 이들은 신용불량자가 되었다. 미취업자들에게 등록금 대출이자는 또 하나의 절망이었다.

초기에는 대상자를 소득 70% 이하에서 시작했지만, 이후 성남시의 모든 청년에게 지원이 돌아갔다. 아무도 주목하지 않는 사람들의 탄식 소리에 손 내미는 것이 그가 이 자리에 있어야 할 이유였다.

## 성남시, 대학생 학자금 대출 이자 지원

뉴스팟(2017년 3월 31일)

# 3

## 무상 교복, 무상 산후조리,
## 청년 배당

### 전국 최초,
### 무상복지 시대를 열다

"억울하게 3개월치 월급을 떼이고 고무공장에 들어갔다. 거기서 빼빠(사포) 치는 데 들어갔는데, 손바닥이 닳아 피가 나고 손에 지문이라곤 남지 않았다." – 이재명 일기 (1980.1.18.)

초등학교를 막 졸업한 12세 어린 소년이 공장에서 일하며 팔이 프레스기에 눌려 장애를 얻었다. 지독한 화공약품 냄새 속에서 코가 헐고, 고참과 관리자들에게 구타를 당할 때, 생존의 기로에서 차라리 죽는 게 낫겠다 싶을 때 그가 손 내밀 곳은 아무 데도 없었다. 교복을 입은 학생들은 부러움의 대상이었고, 이룰 수 없는 꿈처럼 보였다.

그런 이재명이기에 지방 정부의 '복지 확대'는 기본 의무였다. 그

늘 속에서 손 내미는 방법조차 모르는 사람들의 손을 굳건히 붙잡고, 시민의 권리를 당당히 누리게 하고 싶었다. 보편 복지 정책이 필요했다. 그 첫걸음은 무상 교복에서 시작되었다. 교복 브랜드 때문에 상처받는 청소년, 그로 인해 더 미안한 학부모가 없도록 모든 성남시 중학생을 대상으로 1인당 교복비 29만 6130원을 지원했다. 전국 최초의 일이었다.

초저출산 시대, 출산이 부담이 아닌 축복이 되는 도시를 만들기 위해선 실질적인 지원정책이 필요했다. 이재명은 '무상 공공 산후조리 사업'을 추진한다. 소위 달동네라 불리는 곳을 자주 둘러보고 시민들의 탄식을 들으며 출산 후 지원이 얼마나 절실한지 뼛속 깊이 새겼기 때문이다.

3개 구에 무상 공공산후조리원을 설치하고, 조리원을 이용하지 않는 시민들에게는 산후조리 비용 50만 원을 지원했다. 무상 공공 산후조리원 건립은 성남 시민뿐 아니라 국민 73.5%가 찬성할 정도로 반가운 정책이었지만, 지역 간 불균형을 초래한다는 이유로 보건복지부가 제동을 걸어왔다.

이재명은 "국가시책에 부합하는 자치단체의 출산장려정책을 권장해도 모자랄 보건복지부가 자체적으로 하겠다는 산후조리지원을 끝까지 막으면 '복지후퇴부'라는 오명을 쓰게 될 것"이라며 안타까워했다. 보건복지부 반대에도 불구하고 조례제정을 통해 2016년부터 시민들에게 1인당 50만 원의 산후조리 비용을 지역사랑상품권으로 제공했다. 이 정책은 이후 보건복지부와 7차례 협의 끝에 경기도로 확산 시행되었다.

청년이라는 단어가 주는 희망 속에는 생계라는 묵직한 여운이 있다. 유례 없는 청년실업난 속에서 이제 막 사회로 나온 청년들의 막막함을 공감하며 이재명은 2016년 '청년 배당'을 도입한다. 청년에 대한 복지문제를 공론화한 것이다. 3년 이상 성남에 거주한 만 24세 청년에게 분기별로 25만 원씩 연 100만 원의 지역사랑상품권이 지급되었다. 상품권은 2015년에 비해 2016년 시중에 유통된 규모가 두 배 가까이 급등하는 등 지역 상권을 살리는 데도 한몫했다.

3대 무상복지 시리즈는 후에 정부와 경기도 정책에 반영됐으며, 타 지자체뿐 아니라 세계의 이목을 끌며 '성남으로 이사하자', '우리도 성남처럼'이라는 유행어를 낳기도 했다. 성남시는 2014년 '대한민국 대표브랜드 대상'에서 '복지 부문' 대표 브랜드로 선정되었다.

**성남시 이재명 시장 '대한민국 실천 대상' 수상**

아주경제(2014년 11월 21일)

# 4

## 의료 공백 해소,
## 시민 건강권 보장

성남시립의료원 건립

성남시립의료원 건립은 이재명이 정치에 참여하게 된 결정적 계기였다. 그의 1호 공약이기도 했다. 시립의료원 건립 계획은 지체 없이 추진되었다. 적자 운영 논란 등을 이유로 어려움이 많았지만, 공공의료 확충 필요성을 꾸준히 알리며 시민 공감대를 형성해 갔다. 건강증진을 위한 스포츠센터와 공원은 많은 예산을 들여 짓는데, 건강 회복을 위한 의료에는 왜 예산을 쓰면 안되는가 반문하며 '착한 적자, 건강한 적자'를 강조했다.

2012년 2월 관련 조례를 개정해 태평동 옛 시청 부지에 지하 4층, 지상 10층 규모의 우리나라 최초로 시민 발의로 건립된 시립의료원이 탄생했다. 내과·외과·산부인과 등 총 22개 진료과와 8개 수술실, 509병상을 갖춘 대학병원 수준의 병원이었다. 전국 기초지자체 중 가장 큰 규모의 공공의료시설이 들어선 것이다.

이재명은 공사 인원의 50%를 성남시민으로 고용하고 건설현장 내부 식당 운영을 제한해 지역경제 활성화를 함께 도모했다. 특히 메르스 등 국가존립을 위협하는 역병에 대처하지 못한 공공의료의 한계를 지적하며, 당시 서울삼성병원에도 없던 음압병상을 30여 개나 설치해 주목을 받았다. 그의 선견지명은 코로나19 시기에 빛을 발했다. 당시 성남시립의료원은 국가 전담병원으로 지정돼 위기 극복에 함께 할 수 있었다. 공공의료기관이기 때문에 비급여 수가는 민간 의료기관보다 낮게 책정됐으며, 인근에 병원이 없어 발을 동동 구르던 성남시 원도심(수정·중원구) 주민들의 걱정이 크게 덜어졌다.

**이재명 성남시장**
**"10년간 논쟁끝에 성남의료원 착공됐다"**

경향신문(2013년 11월 14일)

# 5

## 전국 최초
## 건설공사 내역 공개

### 공공 공사 세부내역,
### 공시원가 공개

"왜 이 도로는 항상 공사 중일까?", "이런 대규모 공사에는 세금이 얼마나 쓰일까?"

한 번쯤 궁금했을 법한 물음들이다. 이재명은 공정한 시정이 이뤄지기 위해선 수시로 시행되는 공공 공사들의 내역을 시민들이 알아야 한다고 생각했다. 누군가 누리는 부당한 이익은 누군가의 부당한 손실이기 때문이다. 2015년 성남시 홈페이지에는 전국 최초로 공공 건설공사에 대한 세부내역이 공개되었다.

공개항목은 설계 내역서와 도급 내역서, 하도급 내역서, 원하도급 대비표, 설계변경 내역 등이다. 이로써 시민들은 시에서 시행하는 각종 공공건물이나 도로 등의 설계 비용과 토목, 조경공사비를 투명하게 확인할 수 있게 되었다.

중앙정부는 물론 지자체에 공사비 내역서 공개를 요구해왔던 경실련은 즉시 환영한다는 의견의 보도자료를 발표했다. '수십년간 이어져 온 갑을 착취를 해소할 수 있도록 국회와 중앙정부, 다른 지자체도 속히 동참하라'는 내용이었다.

엄청난 비난과 반대가 있었지만, 공사 세부내용이 공개되자 부풀리기 설계는 차츰 사라졌다. 공사비 거품은 꺼졌고, 성남시는 예산 절감을 바탕으로 가성비 좋은 복지사업을 펼칠 수 있었다.

또한, 정부가 공사비 산정을 시장거래가격보다 비싼 '표준품셈' 기준으로 정하자, 이재명은 "공공 공사 표준품셈 적용은 건설업계에 국민 세금을 퍼주는 정부의 갑질"이라고 비판하며 이를 거부했다. 실제 시장 가격인 표준시장 단가를 적용해 1년 동안 서현도서관 건립공사비 등 1천억 원가량의 공공 공사에서 70여 억 원을 절약, 평균 공사비를 8% 정도 절감하는 효과를 거뒀다.

**성남시, 전국 최초
건설공사 내역 '투명 공개'**

뉴스팟(2016년 4월 21일)

# 6

## 내가 언제
## 자전거 보험 들었지?

### 모든 시민
### 자전거 보험 자동 가입

어느 날 성남시에서 한 시민이 자전거 사고로 사망했는데, 이후 유족들에게 자신도 모르는 보험금 4천 5백만 원이 지급됐다. 알고 보니 모든 성남시민이 자전거 보험에 자동으로 가입돼 있었다.

이재명은 2022년 대선 토론회에서 상대 후보에게 'RE100'이 무엇인지 공개 수업을 해주었다. 그만큼 환경 문제에 대한 그의 관심은 각별했다. 환경은 곧 경제고, 시민들의 안전한 삶을 위한 길이기 때문이다. 자전거 도로를 확대하고, 오염 절감을 위해 힘썼다. 아름다운 탄천과 시내 곳곳을 달리며 건강을 챙기는 자전거 이용객들에게 실질적인 도움을 주고 싶었다.

보험료는 시 전액 부담으로, 시민 누구나 별도 가입절차 없이 자동으로 피보험자가 되었다. 성남시민은 전국 어디에서나 자전거를 타다 사고를 당하면 보험 혜택을 받도록 지원했다. 자전거 교통사고로 사망(만15세 미만 제외)할 경우 다른 제도와 관계없이 4500만 원(중복 보상 가능)을 지급하며, 3~100%에 후유장해 때에도 최고 4500만 원을 보상받도록 했다.

자전거 교통사고로 4주 이상 진단을 받은 경우 최대 60만 원까지 지급하고, 자전거 사고 벌금과 변호사 선임비용, 자전거 교통사고 처리 지원금도 약관에 따라 지원받게 했다. 차근차근, 시민 안전을 위한 제도적인 장치를 마련하며, 복지 도시로의 꿈이 실현되고 있었다.

## 성남시 모든 시민 자전거 보험 자동 가입

아주경제(2016년 8월 26일)

# 7

## 대한민국 벤처도시의
## 중심에 서다

기초도시 최초
벤처기업 1천개 돌파

벤처기업은 차세대 성장 동력이다. 미래를 준비하는 이재명에게 벤처기업 육성은 필수 과제였다. 그는 성남시를 대한민국 최고 최대의 IT·벤처기업 허브 도시로 만들겠다며 기업 유치에 박차를 가했다.

그 결과 2012년 기초도시 최초로 벤처기업 1천 개를 돌파한다. 2009년 693개이던 것이 민선 5기 들어 300개 이상 폭발적으로 증가했다. 이는 대덕 특구가 있는 대전광역시(928개)보다 많은 것으로, 경기도 전체의 12.4%를 차지했다.

가장 눈에 띈 것은 대한민국 초우량 벤처기업이 성남시에 집중되어 있다는 점이다. NHN과 휴맥스, 네오위즈게임즈, 솔브레인 등

매출 1000억 원 이상의 벤처기업 21개사가 활동하고 있다. 이들 기업이 올리는 연간매출은 5조 8000억 원을 웃돌았다. 특히 정보통신과 반도체, 콘텐츠, 의료바이오 등의 신성장 동력 분야의 집적이 활발했다.

성남시는 기초지자체로는 이례적으로 매년 200억 원 이상을 집중 투입해 비즈니스센터 제공, 투자펀드 운영, 중기육성기금 운영, 창업-R&D-마케팅-교육 지원, 대·중소기업 연계 등 30개 이상의 전방위 지원사업을 펼쳤다. 이 사업의 수혜기업만 한 해에 600개 이상 집계됐다.

백화점과 중소기업을 연계한 '찾아가는 전시판매장' 등 현장밀착형 사업과 소기업, 전통기반산업, 사회적 기업 등 소외되기 쉬운 분야에 정책지원이 이뤄진 것도 도움이 됐다. 기업하기 좋은 인프라에 맞춤형 지원정책이 소문나며 기업들의 성남행이 이어졌다.

이재명 성남시장
"한국판 '실리콘밸리'를 꿈꾸는 판교테크노밸리"
m이코노미 뉴스(2015년 7월 12일)

# 8

## 민영개발 예정
## 대장동 사업을 민관개발로

### 개발이익금 5500억 원 환원

대장동은 판교, 분당신도시, 수지에 둘러싸인 금싸라기 땅이고, 경부고속도로와 용인-서울 고속도로에 인접한 교통의 요충지였다. 보존녹지로 지정돼 있던 이곳에 LH가 도시개발계획을 착수하면서 땅값이 천정부지로 솟아올랐다.

그런데 이재명 시장 취임 석 달 전 LH는 갑자기 대장동의 사업권을 포기한다. 어림잡아도 수천억 원의 개발이익이 예상되는 사업을 왜 갑자기 포기한 것일까? 당시 이명박 대통령과 한나라당은 이 사업을 민간개발로 돌려야 한다며 줄기차게 요구해왔다. 시민의 공유자산인 그린벨트를 풀어 그 개발이익을 민간에 돌리자고? 그동안 토건 마피아와 싸워온 이재명이 그 검은 속내를 모를 리 없었다.

이재명은 이 사업을 공공개발로 돌려놓기로 결심했다. 파크뷰 분양 특혜 사건 때 수많은 적을 만들고, 그들에게 시달려왔기에 그냥 넘어갈까도 싶었다. 그렇지만 시민들이 눈앞에서 엄청난 이익을 도둑맞는 것을 그냥 보고만 있을 수는 없었다. 갚아야 할 시의 부채도 7000억 원이었다.

대장동 공영개발을 선언하며 지방채를 발행하려고 했지만 당시 성남시의회 다수당이었던 한나라당에 의해 번번이 좌절됐다. 2011년 11월 부의됐으나 세 번에 걸쳐 부결되고, 결국 1년 6개월이 지난 2013년 2월에야 겨우 통과됐다. 이마저도 시의회 새누리당 의원협의회가 효력정지 가처분 신청을 해, 같은 해 7월 법원에서 각하 결정을 내리고 난 후에야 간신히 차선책인 민관공동개발사업으로 시행할 수 있었다.

사업 약정 당시 성남시는 이익 5503억 원을 보장받았고, 개발 사업 중 시행 인가 조건을 추가해 920억 원을 추가로 확보했다. 이는 시가 재정 위기를 벗어나는 데 큰 기여를 했다. 2000년 도시개발법 시행 이후 21년간 전국의 도시개발사업 완료 건수 총 241건 중 개발부담금이 징수된 사업은 10건, 개발부담금 총액은 1768억 원에 불과했다. 이재명은 세 배에 달하는 이익금을 성남시에 안겨준 것이다.

하지만 민간개발업자의 수익이 예상보다 커진 결과를 근거로 국민의힘은 특혜를 몰아줬다며 수시로 발목을 붙잡고 있다. 당시 개발이익 환수에 대한 법과 제도가 미비한 상태였다는 점, 민간 부동산 가격 급등 등 조건의 변화는 안중에도 없었다. 수백 번의 압수수

색이 있었지만, 검경 수사에서 밝혀진 것은 국민의힘 관계자와 토건 세력의 비리뿐이다. 정말 이재명이 조금이라도 사욕을 채웠다면 바로 감옥행이었다.

이재명 "대장동 사업, 개발이익 환수 모범사례"
경향신문(2021년 10월 20일)

# 9

## 성남의 아들은
## 성남시가 지킨다

전국 최초 군복무 청년
상해보험 전원 가입

청년들이 국방의 의무를 다하기 위해 입대했는데, 군대에서 다친다면 얼마나 청천벽력 같은 일인가? 이재명은 2017년 시장 업무보고를 열어 시 차원의 상해 보험 보장제를 도입한다고 밝혔다. 국가보상금 외에 후유 상해 보상을 현실화하고, 장병과 그 가족의 사회안전망을 확보하려는 취지였다.

군 복무 중 다치거나 생명을 잃더라도 온전한 보상을 받지 못하는 경우가 많기 때문에 관내 거주 모든 입대자들을 위해 대신 보험을 들어준 것이다.

관련 조례 제정과 예산편성 후, 보험사 계약 절차를 거쳐 2018년 2월 전국 최초로 군복무 청년 상해보험제도를 시행한다. 상해·

질병 사망의 경우 3000만 원, 상해(30~100%)·질병 후유장애(80%) 3000만 원, 상해·질병 입원(일당) 2만 5000원, 골절·화상(회당) 30만 원을 보장했다. 다른 보험에 가입돼 있어도 중복 보상된다. 대상은 2016년 기준으로 병역 의무를 이행하기 위해 입대한 현역 군인 2000여 명, 상근예비역 89명, 자원입대한 육·해·공군·해병대·의무경찰 2600여 명으로, 별도 가입 절차 없이 상해 보험에 일괄 가입돼 입영일부터 제대일까지 피보험자로서 사유 발생 시 상해보험 보장을 받게 됐다.

이재명 시장은 이 제도가 '군인복지기본법 제3조(국가의 책무)'와 '성남시 청년 기본 조례 제16조(청년의 생활안정과 의료보장지원)'에 근거해 추진된 청년복지제도라는 점을 강조했다. 이로써 청년배당과 함께 군복무 청년 상해보험 가입지원제도는 성남시의 청년을 위한 대표적 복지제도로 자리 잡으며, 모범정책으로 평가받아 경기도와 전국으로 확대돼 나갔다.

"행여 다칠세라"…군복무 청년을 위한 성남시의 배려

연합뉴스(2018년 6월 26일)

# 10

## 한 나라의 도덕적 진보는 그 나라에서 동물들이 받는 대우로 가늠된다

> 대화가 답이다, 모란시장 개고기 아웃
> — 모란시장 개 보관, 도살시설 전부 철거

마하트마 간디는 "한 나라의 위대함과 도덕적 진보는 그 나라에서 동물들이 받는 대우로 가늠할 수 있다"고 말했다. '동물이 먼저냐, 인간이 먼저냐'는 논쟁 앞에서 이재명은 인간과 동물의 삶이 함께 윤택해지는 길을 찾았다. '반려동물과 함께하는 대한민국의 모범을 만들겠다'고 선언했다.

국내 최대 규모 가축시장인 모란시장은 개고기 논란의 중심지였다. 시장 내 개고기 취급 업소는 22곳으로 한 해 8만 마리의 식용견

이 거래되고 있었다. 개 보관 철제상자, 도살, 소음, 악취 등 혐오 논란이 거세지면서, 동물보호단체의 반발을 불러오고 지역 이미지에까지 악영향을 끼쳤다. 50년간 행해진 불법 도축을 근절하는 것은 시작부터가 난관이었다. 누군가의 생계가 달린 일이기도 하고, 축산물위생관리법과 시행령에 개는 가축의 범위에 포함되지 않아 단속할 근거가 없었다. 이재명은 '대화'에서 답을 찾았다.

테스크포스 팀을 꾸려 상인들과 10여 차례 협의했다. 끈질긴 논의 끝에 상인들의 업종 전환, 전업 이전, 환경 정비를 원활하게 할 수 있도록 행정을 지원하는 데 합의했다. 마침내 2016년 12월 판매 목적으로 개를 가두거나 도살하지 않으며, 개 보관·도살 시설 전부를 자진 철거하는 환경 정비 업무협약이 체결된다.

정치인에게 특정 집단의 예견된 반발은 치명적인 일이다. 전혀 표에 도움이 안 된다. 표와 상관없이 보다 나은 사회를 위해 일해야 한다는 뚝심, 대화와 논의로 못 풀어낼 일은 없다는 자신감이 있기에 가능한 일이었다.

**개고기 논란 성남 모란시장…
'개없는 시장'으로 탈바꿈**

연합뉴스(2016년 12월 13일)

## '반려동물과 사람이 함께 행복한 성남시'
## – 반려견 놀이터 조성, 반려동물 페스티벌 개최

2015년 기준 성남시의 반려견은 약 13만 1천 마리로 전체 가구 수 대비 33.6%에 달했다. 평소 동물 복지에 관심이 많았던 이재명은 '동물과 사람이 함께 행복한 반려동물 정책'을 펼치며 사람들과 반려동물이 함께 행복한 환경을 조성하기 위해 힘썼다.

먼저 반려견들이 목줄을 풀고 자유롭게 뛰어놀 수 있는 공간이 거의 없다는 것에 주목했다. 당초 1억 원 가까이 투입해 대규모 반려견 운동장을 만들려고 했지만, 당시 시의회는 '어린이 놀이터 개보수 비용도 부족한 판에 개 놀이터 조성사업은 거부감이 든다'며 예산을 전액 삭감했다.

그렇다고 포기할 이재명이 아니었다. 관계부처와 협의를 거쳐 탄천과 공원 등에 반려견 놀이터 6곳을 설치했다. 대형견과 소형견 놀이터를 분리해서 운영하고, 반려동물 예절교육과 사회화 교육, 반려인 교육 등의 프로그램을 진행했다. 이곳은 반려견의 스트레스를 해소하고 다양한 개들과의 만남을 통해 사회성을 기르는 장소로 자리매김했다.

2015년부터는 지자체 최초로 반려교육 전문가들의 재능기부를 통해 시민을 대상으로 8주간 반려문화 교육을 무료로 실시했다. 반려견으로 인한 사고 방지를 위해 개를 통제하는 방식이 아니라 견주 교육을 통해 반려견을 올바르게 관리할 수 있도록 한다는 취지로 마련했다.

2014년에는 '제1회 경기 펫 페스티벌'을 성남에서 개최하고, 2016년부터는 '성남 반려동물 페스티벌'도 열었다. 반려견과 견주가 함께 즐길 수 있는 참여 마당, 동물 건강 상담 및 문제 행동 교정 훈련을 받을 수 있는 나눔 마당, 동물 등록제 및 유기동물 후원을 안내하는 홍보마당 등 다채로운 행사가 마련됐다.

성남시가 도입한 선진 반려견 문화는 타 지자체와 언론의 주목을 받았으며, 이재명의 동물 복지를 위한 행보는 꾸준히 이어졌다.

**[성남시]반려동물 페스티벌 14일 화랑공원서 개최**
경향신문(2017년 10월 12일)

# 3부

## 경기도지사 시절

### 민선 7기
- 2018년 7월1일~2021년 10월25일

# 1

## 국민의 것은
## 국민에게 돌려주어야 한다

**불법 점유된 하천과 계곡을
경기도민에게 돌려주다**

날씨가 더워 가족들과 시원한 계곡에 놀러 가자고 하여 왔더니, 사방에 평상과 파라솔이 좋은 자리를 선점하고 있다. 물줄기 시원한 곳은 음식점 주인들이 자기들이 지역이라 들어갈 수 없다고 한다. 이런 기가 막힐 노릇이 어디 있단 말인가?

이재명은 문제 해결을 위해 팔을 걷어붙였다. 도민들에게 청정 하천과 계곡을 돌려주기로 한 것이다. 특정 집단의 뻔한 반발을 사는 이슈는 정치인에게는 치명적이지만, 이재명은 개인적인 이해관계를 떠나 공정을 실현하는 일은 거리낌 없이 실천한다. '불법을 잘하는 게 능력'인 사회가 돼서는 안 된다고 믿기 때문이다.

2019년 도내 하천과 계곡에 대해 '단속'에 그치는 수준을 넘어 실제 '정비'를 1년 내에 완료하겠다는 구상을 밝히고 TF팀을 꾸려 본격적으로 실태 파악과 방안 마련에 나선다. 일단 지역 상인들부터 만나기 시작했다. 두말할 것도 없이 상인들의 거센 반발이 이어졌지만, 이재명은 합리적인 대화와 설득, 대안 제시로 충분히 해결할 수 있다고 생각했다. 틈만 나면 도내 31개 시군의 계곡을 찾아 지역 상인과 주민들을 만나고, 간담회 등을 통해 의견을 나눴다. "합법적으로 자연환경을 보전하고 그 안에서 새로운 길을 찾아 많은 사람들을 방문하게 하는 것이 가장 바람직한 일"이라며 협조를 요청했다. 불법 시설물을 철거하는 수준을 넘어, 지역주민·상인에게 실질적인 도움이 될 사업들을 함께 구상해갔다. 처음에는 대립각이 바짝 서 있던 주민 간담회가 신기하게도 점차 생산적인 이야기가 오가는 토론의 장으로 바뀌어 갔다.

사람이 거주 중인 불법 시설물의 경우 소득과 재산, 거주 여건, 불법 영업 정도 등을 조사해 구체적인 지원대상과 지원방식을 결정해 이주를 유도했다. 또 하천감시원 143명과 하천 계곡 지킴이 94명 등을 활용해 불법 시설물 재발 방지를 위한 감시 활동을 지속하고, 불법시설 확인 시 즉시 고발 또는 강제 철거를 실시했다. '청정계곡 복원지역 생활 SOC 공모사업'을 펼쳐 시군단위로 사업 공모를 받아 적은 비용으로 많은 사람에게 혜택을 주는 효율적 정책을 추진하고, 좋은 사례를 다른 계곡으로 확산했다. 주차장과 화장실, 녹지·친수공간 등 지역 특성을 반영한 편의 인프라를 구축하고, 계곡 복원·유지 활동, 문화예술 활동, 협동경제 교육 등을 통해 마을 공동체의 활성화되도록 지원했다. 계곡과 관련한 문화관광콘텐츠

발굴과 연계관광 활성화를 도모하고, 청정계곡을 상징화한 '브랜드 아이덴티티(BI)' 제작, 홍보 등 다양한 활동을 벌이며 전방위적으로 도민들의 호응을 이끌었다.

이러한 노력에 힘입어 사업을 시행한 지 1년도 안 돼 25개 시군 187개 하천에 있던 불법시설물 1436곳 중 사람이 거주 중인 50곳과 집행정지명령이 내려진 3곳을 제외한 1383곳이 철거됐다. 경기도 계곡에서 불법구조물 96.3%가량이 깨끗이 정비된 셈이다. 하천·계곡 정비는 수해 방지 효과까지 가져왔다. 불법 정비가 집중된 5개 시·군에서 2020년 누적강우량과 유사한 2013년 대비, 피해 건수가 75% 줄었고, 피해액도 6억 3600만 원에서 3700만 원으로 94% 감소했다

경기도 "지속 가능한 청정계곡 조성해 도민 제공"
국민일보(2021년 4월 13일)

# 2

## 그에게는 위기 극복의
## 극복의 DNA가 있다

### 가장 신속한 코로나19 종합 대책,
### 재난기본소득 지급, 신천지 행정 명령

    전대미문의 '코로나19'라는 위기 속에서 이재명은 선제적 방역 조치와 재난기본소득 지급정책으로 위기 극복의 진가를 발휘했다. 2020년 1월 20일, 경기도 내 첫 '코로나19' 확진 환자가 발생하자 '신종 코로나바이러스 감염증 방역대책반'을 긴급 가동했다. 신천지가 2020년 대구발 코로나19 초기 전파지로 지목되자, 이재명은 가평에 있는 신천지 본부에 직접 찾아가 행정 명령을 강제 집행했다. 종교 시설에 대한 첫 행정 명령, 마스크 매점매석 금지 건의, 역학 조사관 확대와 드라이브스루 선별진료소 설치 등 선제적이고 차별화된 방역 활동으로 전국적인 주목을 받았다. 경제방역 정책으로 시행한 '경기도 재난기본소득'은 단연 화제가 됐다. 소득과 나이에 상관없이 모든 경기도민에게 1인당 10만 원씩 경기지역화폐를 지급했다. 최악의 경기침체 속에 신음하던 도민들과 지역 상인들에게는 단비와도 같았다. 재난기본소득 지급 이후 각종 통계와 설문조사 등을 통해 지역경제 회복 효과가 뚜렷하다고 입증되자, '기본소득'은 우리 사회의 미래를 결정하는 중요한 화두가 됐다. 이는 정부의 긴급재난지원금 지원으로 이어졌다. 이와 함께 저신용자 소액대출 지원과 코로나19로 인해 소득이 감소하거나 상실된 노동자에 생계비를 지원하는 위기도민 긴급복지, 코로나19 진단검사를 받은 취약계층 노동자에 병가소득손실보상금 지급 등 맞춤형 지원을 펼쳤다. 인천일보가 경기지역 6개 시민단체에 이재명 지사의 전반기 도정에 대해 질의한 결과, 6개 시민사회 대표 모두 코로나19 대응과 재난기본소득을 가장 잘한 일로 평가했다. 관계자들은 "논쟁적인 상황에서 과감히 재난기본소득을 가장 빨리 결정해 국가재난기금까지 나오게 한 계기가 됐다"며 높은 점수를 줬다. 이재명은 촘촘한 복지 정책으로 코로나19 위기를 극복하는 데 앞장서며, 지도자의 위기 극복 역량이 얼마나 중요한지 가감 없이 보여줬다.

경기도 "도민 1천326만명에 재난기본소득 10만원씩 지급"
연합뉴스(2020년 3월 24일)

# 3

## 좋은 복지는
## 높은 생산성으로 돌아온다

**출산과 양육을 함께 책임진다**
**– 산후조리비 지원, 초중고교 무상급식, 초등학생 구강진료비 지원**

성남시장 시절 이재명이 발굴한 좋은 복지 정책들은 대부분 경기도 정책으로 이어졌다. 저출산 관련 정책의 패러다임 전환이 필요한 시점에서 이재명 지사는 산후조리비 지원 사업을 들고 나왔다. 2017년 6월 기준으로 전국의 산후조리원 이용 요금은 2주 평균 234만 원으로 조사됐다. 여기에 추가로 지출되는 여러 항목을 더할 경우 지출되는 비용은 거의 두 배에 육박했다. 경기도는 2019년부터 소득 상관없이 모든 도민을 대상으로 1인당 50만 원의 산후조리비를 지원하기로 했다. 경기지역화폐로 지원해 지역 경제 활성화도 함께 도모했다.

산후조리비는 산후조리원 이용은 물론 산모·신생아의 건강관리, 모유수유 및 신생아 용품, 산모 건강관리를 위한 영양제·마사지·한약 처방 등 다양한 용도로도 사용할 수 있다. 사업의 총예산은 423억 원으로 신생아 8만 4600명에 대한 지원이 가능한 금액이다. 도비 70%, 시군비 30% 매칭사업으로 조성됐다. 이와 함께 2019년 5월 도내 최초 공공산후조리원인 '경기 여주공공산후조리원'을 개원했다. 51억 원의 예산을 투입해 연면적 1498.53㎡, 지상 2층, 13개실 규모로 건축하고, 요금은 민간산후조리원의 70% 수준인 2주 기준 168만 원으로 책정했다. 도민이라면 누구나 이용 가능하며 수급자, 장애인, 국가유공자 등 취약계층에게는 50% 감면 혜택을 줬다. 문을 연 지 한 달도 안 돼 10월까지 예약이 완료되는 등 높은 인기를 누렸다. 취약계층의 예약 비율이 전체의 42%에 달하며 공공산후조리원의 역할도 잘 수행하고 있는 것으로 나타났다.

자라나는 아이들과 학생들이 복지혜택을 누릴 수 있도록 다양한 방안도 강구했다. 도내 어린이의 건강증진과 농가소득 향상을 위해 도비 104억 원을 투입 '경기도 어린이 건강과일 공급사업'을 대폭 확대했다. 기존에 지역아동센터와 특수보육어린이집 원생 3만 9000명에게만 지원되는 사업을 도내 일반 어린이집에 다니는 만 1~5세 원생까지 확대했다. 수혜대상 인원은 총 37만 명으로 이를 통해 농가소득이 145억 원 늘어나고, 324명의 신규 일자리가 창출되는 등의 효과도 거둘 수 있었다. 2019년 9월부터는 초등학교와 중학교까지 지원되던 무상급식을 고등학교까지 확대해 시행했다. 도내 480개 학교, 35만 7500여 명에게 지원되는 학교급식비로 총 3283억 원의 예산을 투입, 도가 20%(656억 원), 시군이 28%(920

억 원), 교육청이 52%(1707억 원)을 각각 분담했다. 한 학기에 30만 원 넘는 돈을 납부해온 학부모들은 급식비 부담에서 벗어나게 됐다며 환영했다.

2019년 5월부터는 도내 모든 초등학교 4학년을 대상으로 '치과 주치의' 사업을 시작했다. 영구치가 웬만큼 자리 잡는 만 10살에 맞춰 동네 치과의사가 주치의처럼 치아 홈을 메우거나 불소 치료 같은 간단한 진료는 물론 구강 검진과 칫솔질 교육 같은 맞춤형 관리를 해주는 프로그램이다. 총 예산 56억 원을 들여 일반 학교와 장애인 등의 특수학교에도 지원했으며, 2019년 당시 12만 1000명의 초등학생에게 혜택이 돌아갔다. 도내 초등학교 4학년생 12만 3580명 중 95%가 검진을 받았고, 이 중 8985명을 대상으로 설문 조사를 한 결과, 응답자의 92%가 만족한다고 답변했다.

'이재명표' 산후조리비 지원
'보편적 무상복지' 실현… 출산 가정 모두 지원

서울경제신문 (2020년 9월 23일)

# 4

## 수술실로 들어가는
## 절실한 심정을 헤아리다

### 전국 최초 수술실 CCTV 설치

2018년 이재명은 또 한 번 금기의 문을 두드린다. 수술실에 CCTV를 달기로 했다. 의식이 없는 상태에서 수술을 받는 환자들, 또 그 가족을 수술실로 들여보내고 무작정 기다릴 수밖에 없는 절실한 마음을 헤아린 것이다.

'수술실 CCTV'는 도민의 생존권과 안정적인 삶을 강조했던 이재명이 중점적으로 추진한 정책 가운데 하나다. 대리수술과 수술실 내 폭언과 폭행 등 인권침해 행위, 의료사고 예방을 위해 실시되었다. 도는 시행에 앞서 도민 1000명을 대상으로 수술실 CCTV 운영 방안에 대한 여론조사를 실시했는데, 91%의 대상자들이 찬성 의견을 내었다.

2018년 10월 경기도의료원 안성병원에 처음으로 설치한 뒤, 2019년 5월 경기도의료원 6개 병원 전체로 확산됐다. 2019년 5월부터 2020년 5월까지 총 3727건의 수술이 이뤄졌고 이 가운데 66.8%에 해당하는 2492건이 보호자 동의 아래 녹화가 진행됐다.

그동안 대부분 병원은 응급실에 CCTV를 설치했지만, 수술실은 의료계의 반대로 각 병원 자율에 맡겨왔었다. 수술실 CCTV 설치 의무화에 대해 대한의사협회를 비롯해 외과계 9개 학회, 대한전공의협의회 등은 의사를 잠재적 범죄자로 보고 의료진의 인권을 침해한다며 강하게 반대했다.

도는 의견 수렴을 위해 경기도의사회, 한국환자단체연합회 등과 경기도의료원 수술실 CCTV 시범운영 공개토론회와 간담회 등을 진행하며 환자와 의사 간 신뢰 회복을 위한 방안에 대해 의견을 나눴다.

이미 도내 병원에서는 이 제도가 시작됐지만, 사업의 실효성 확보를 위해서는 수술실 CCTV 설치를 의무화하는 입법이 필요했다. 이에 따라 이재명은 보건복지부에 수술실 CCTV 의무화 내용을 담은 '의료법 개정안'을 수차례 제출했고, 국회의원 300명 전원에게 '수술실 CCTV 법제화'에 대한 관심과 역할을 당부하는 서한을 발송하기도 했다. 마침내 2021년 8월 1일 '의료법 개정안'이 국회를 통과했다.

'의료법 개정안'에 따라 2023년 9월 25일부터 환자의 의식이 없는 상태에서 수술을 시행하는 의료기관의 수술실 CCTV 설치가 의무화됐고, 의료법에 따라 설치비를 지원받는 도내 병·의원은 병원

192개소, 치과병원 3개소, 의원 169개소, 치과의원 1개소 등 전체 365개소로 확대됐다.

**이재명 경기지사 '수술실 CCTV 설치법 감개무량'**
**'국회 상임위 통과 환영, 정치가 부름에 응답"**

데일리메디(2021년 08월 24일)

# 5

## 날아다니는 응급실,
## 닥터헬기 도입

### 전국 최초 24시간 운영 가능한
### 닥터헬기

2025년 초 한 TV 드라마에 중증외상센터가 소개되며 닥터헬기가 촌각을 다투는 사람의 생명을 살리기 위해 얼마나 절실한가를 보여줬다. 드라마를 보며 많은 이들이 경기도에 닥터헬기를 도입한 이재명과 아주대병원 이국종 교수를 떠올렸다.

이재명은 중증환자에게 필요한 골든아워를 확보하기 위해 2018년 전국 최초로 24시간 운영되는 응급의료전용 '닥터헬기'를 도입하고, 경기남부권역외상센터(소장 이국종)와 '중증외상환자 이송체계 구축'을 위해 손을 맞잡았다.

열악한 응급 의료체계의 현실에 대해 고충을 토로해 온 이국종 교수는 "선진 의료체계를 갖춘 선진국에서는 치료 지연으로 사망

하는 예방사망률이 5-10% 내외인 데에 반해 우리나라는 30% 수준에 달한다"며 "24시간 닥터헬기 도입으로 대한민국 사회가 나아가야 할 문제에 대한 새로운 패러다임을 제시하는 것"이라며 크게 반겼다.

도는 2019년 본예산에 헬기 임대료와 보험료, 인건비, 정비 및 유류비 등 헬기 운영전반에 필요한 제반비용 51억 원(국비 70%·도비 30%)을 편성했다.

이와 함께 야간비행에 필요한 운항지침을 제정하고 소방시스템과 연계한 헬기 이송체계를 확립했다. 응급의료전용 중형헬기는 헬기 내에서 응급 처치와 가벼운 수술이 가능한 것은 물론 각종 구조장비까지 탑재할 수 있어 의료와 구조가 동시에 가능해 '날아다니는 응급실'이라고 불린다.

도는 경기도소방재난본부 소속 구조구급대원 6명을 아주대학교병원으로 파견해 업무를 수행 했으며, 2019년 9월4일 첫 비행을 시작으로 10개월여 만에 야간 17회 포함 총 53회 출동해 51명의 소중한 생명을 살렸다.

이처럼 닥터헬기가 전국 곳곳을 누비며 국민들의 소중한 생명을 지키는 역할을 수행할 수 있게 된 것은 닥터헬기가 공공청사, 학교운동장, 공원 등에서 자유롭게 이·착륙할 수 있도록 시스템을 구축한 것이 큰 힘이 됐다.

경기도는 경기도교육청, 아주대병원과 '응급의료전용헬기 이착륙장 구축 협약'을 체결해 기존에 이용했던 소방헬기 착륙장 588곳 외에도 경기도 공공청사 77곳과 학교운동장 1755곳에서 이착륙할 수 있게 했다.

　이국종 교수는 "런던에서 비행할 때 제일 많이 이용했던 착륙장이 바로 학교 운동장이었다. 교사들이 수업하다 말고 운동장으로 나와 출동 현장을 학생들에게 보여주곤 했는데, 교사들이 '생명존중사상을 뿌리 깊게 인식시키는 그 어떤 교육보다 중요한 현장교육'이라고 이야기하는 것을 보며 한국에서 어떻게든 실현해 보고 싶었다"고 소감을 전했다.

　이재명은 생명이 위급한 상황에서 재물손괴나 주거침입 등으로 인한 법적 문제를 걱정하지 말고 닥터헬기를 착륙시켜 '골든아워'를 확보해야 한다고 강조하며, 헬기 착륙으로 발생하는 모든 문제는 경기도가 책임지겠다고 약속했다.

　24시간 운영 닥터헬기는 생사의 기로에서 누구나 차별 없이 의료서비스를 받을 수 있도록 광역자치단체가 적극적으로 나선 획기적인 방안으로 전국적인 관심을 모았다.

**이국종 손잡은 이재명…**
**"24시간 닥터헬기 도입"**

채널A(2018년 11월 28일)

# 6

## 지역이 살아야
## 국가가 산다

**우리 동네 띄우는 비장의 카드,
경기지역화폐 발행**

코로나19 위기 속 지급한 기본재난소득은 이재명이 취임 초부터 추진한 지역화폐라는 기본 인프라가 있었기에 가능했다. 사용기한을 정해놓고 기본소득을 지역화폐로 지급하면서 지역경제 활성화 효과가 즉각적으로 발생한 것이다. 이미 성남시장 시절 산후조리비와 청년배당금으로 지역사랑상품권을 지급하며 시민들의 어려움을 덜고 상권 활성화에 효과를 거둔 것을 참고했다.

경기도는 소상공인과 골목상권 매출 증대, 지역경제 활성화를 위해 2019년을 시작으로 2022년까지 4년간 총 1조 5905억 원 규모의 지역화폐를 발행할 계획을 세웠다. 도 전역 시행을 위해 가장 먼저 선행된 것은 바로 31개 시·군과의 협력이었다. 발행권자가 시장·

군수라는 점에서 가장 먼저 풀고 가야 할 과제이기도 했다. 이재명은 민선 7기 시장·군수 간담회를 시작으로 시장·군수 부단체장 회의 등을 통해 시·군과의 협력을 도출해냈고, 광역자치단체 가운데 최초로 시·군 단위 지역화폐 발행을 지원했다. 경기도의회와의 협치도 중요했다. 경기도의회 상임위원회 사업설명회와 당대표 및 상임위원회별 설명회 등을 진행했다. 이를 바탕으로 기본계획수립과 경기도 조례 제정 등 제도화 과정을 마무리하는 등 꼼꼼하게 준비했다. 가맹점 수 확보가 관건이기 때문에 도내 소상공인, 소비자단체들과 수차례의 설명회와 간담회 등을 통해 가맹점 매출액 규모 제한 등의 이견 조율을 성공적으로 마쳤다.

카드형 지역화폐 플랫폼을 만들어 운영하며 지역화폐 전담센터를 설치해 발행, 유통, 환전 및 모니터 등의 업무를 진행했다. 구입 시 6% 할인 혜택과 30% 소득공제 혜택을 주며 적극적인 홍보에 나섰다. 도입한 지 9개월여 만에 경기도 전역에서 지역화폐를 발행하는 목표를 달성했으며, 만족도 조사결과 도민은 68%, 가맹점주는 63%가 긍정평가를 내렸다. '지역경제 살리기 프로젝트' 경기지역화폐는 동네 상권을 살리는 비장의 무기로 활약하며 침체된 골목 골목에 활기를 불어넣었다.

> **이재명표 경기지역화폐 날개 달았다**
> **…정부 8800여 억 원 추가 배정**
> 〈뉴스1〉(2020년 7월 18일)

# 7

## 기업하기 좋은 나라가
## 선진국이다

용인 반도체 클러스트 산업 유치

2019년 경기도에 희소식이 들려온다. 세계 최대 규모의 반도체 클러스터 부지로 용인이 확정된 것이다. 경기도는 2018년 하반기부터 기획재정부, 산업자원부, 국토교통부, 국회 등을 수차례 방문해 SK하이닉스를 중심으로 한 반도체 클러스터 조성을 건의했다. SK하이닉스의 이천공장이 포화 상태에 이르면서 차세대 반도체의 연구개발 및 생산 공간이 필요했기 때문이다. 이런 도의 건의를 받아들여 정부는 2019년 경제 정책 방향과 업무계획을 통해 2028년까지 10년 동안 민간투자 120조 원 규모의 반도체 특화 클러스터 조성계획을 발표했다.

각 지자체별로 유치 경쟁이 뜨거웠다. 이재명은 "기업이 가장 선호하는 곳, 제일 준비가 잘돼 있는 곳, 조속한 사업 추진이 가능한 곳에 '반도체 클러스터'가 조성돼야 한다. 경기도가 바로 그곳"이라며 강한 유치 의사를 밝혔다. 용인시 처인구 원삼면 죽능리 일원 약 4.48㎢에 조성되는 반도체 클러스터는 국내외 50개 이상의 반도체 장비·소재·부품 업체가 함께 입주하게 된다. 글로벌 반도체 수요에 대응하기 위한 메모리 생산과 기존 반도체의 장점을 조합한 초고속·비휘발성 차세대 메모리 제조 시설, 연구 시설, 중소기업 협력 시설, 주거 단지 등이 들어설 예정이다. 이로 인해 1만 7000여 개의 직접 일자리 창출효과와 513조 원의 생산유발, 188조 원의 부가가치 유발, 148만 명의 취업유발 효과 등 천문학적인 파급효과가 발생할 것으로 전망됐다. 아울러 세수 증대, 인구 유입, 도시경쟁력 향상 등도 기대됐다.

경기도와 용인시는 개발 사업 인·허가와 인프라 확충을 위한 행정지원 및 상생 협력을, SK하이닉스와 SK건설은 사업계획에 따라 제조, 연구 시설을 조성하기로 합의한다. 지역 고용창출 등 지역경제 활성화 및 상생협력을 위해선 함께 노력하기로 했다. 이재명은 특히 대중소기업 상생 클러스터 조성, 스타트업 및 반도체 전문 인재 육성, 지역사회 복지 향상, 복합 스마트시티 조성 등의 비전을 제시하며, "기존 방식과는 다르게 중소기업과 상생·공존하면서 지역사회와도 서로 존중하고 협력하며 함께 발전하는" 모델을 만들자고 강조한다. 경기도는 용인 반도체 클러스터 조성을 계기로 이천, 화성, 평택으로 연결되는 경기 반도체 클러스터를 구축하기로 결정한다. 이를 통해 반도체 산업의 입지를 확고히 하고, 그 혜택이 경기도민에게 직접 돌아갈 수 있도록 다각적 방안을 강구했다.

"경기도, 반도체 클러스터 유치 준비·노력 결실
… 국익차원의 합리적·대승적인 판단"

서울경제신문(2019년 8월 22일)

# 8

## 행정도 디테일이
## 모든 것을 결정한다

'주택가에도 관리사무소를',
경기행복마을 관리소 설치

아파트에서는 집에 크고 작은 문제가 생기면 관리사무소에 연락하면 된다. 주택가에서는 어떻게 해결할까? 일일이 전기, 누수, 부품업체들을 찾아보고 연락하기란 여간 번거로운 일이 아니다. 홀몸 노인과 연로한 어르신들에게는 더 난감한 문제다. 이재명은 주택가에도 일종의 관리사무소를 설치하기로 했다. '경기행복마을 관리소'라는 이름으로 주거 환경이 낙후된 주택가 주민들에게 아파트 관리 사무소처럼 공공 서비스를 제공하는 동시에 마을 주민을 위한 공공일자리 창출을 목표로 설립했다. '행복마을지킴이'가 아침부터 저녁까지 상주하며 상시적·즉각적으로 생활불편해소 및 생활편의를 제공하는 곳이다. 2018년 5곳을 시범운영한 뒤, 8개월여 만에 28개 시군 42개 지역으로 확대 설치했다.

구도심 지역의 빈집이나 공공시설, 유휴공간 등에 조성해 마을 순찰, 여성 안심귀가, 택배 보관, 공구 대여 등 생활밀착형 공공서비스를 제공하는 거점으로 활용했다. 관리소당 행복마을지킴이 10명이 2교대로 근무하며 안심귀가와 아동 등·하교 서비스, 홀몸어르신 등 취약계층 지원 서비스, 화재나 재해 대비를 위한 안전 순찰, 쓰레기 무단투기 및 방치지역 정화, 도로·건물 등 위험 요인 발굴, 시정 요청, 간단한 집수리 등 주거환경 개선 지원 서비스 등을 제공했다. 성남시장 시절 만들었던 전국 최초 시민순찰대 활동을 토대로 실시했으며, 그 지역에 거주하는 주민들이 직접 사업에 참여해 기존 행정이 미치지 못하던 부분까지 발굴해 생활 속에서 바로 해결하다 보니 주민 호응도가 상당히 높았다. '경기행복마을관리소'라는 동일한 명칭을 사용하지만 사업 내용은 지역 특색에 따라 다르게 추진됐다.

안산시에서 운영한 경기행복마을관리소는 홀몸노인 돌보심과 어르신 케어, 집수리, 실버미술, 유튜브제작, 미용서비스, 가사지원 등을 펼치며 생활개선 및 지역공동체 활성화를 이끌어냈다. 또 그림책을 이용한 아동돌봄 서비스와 노인 대상 건강나눔 사랑방, 쓰레기 상습 투기지역 지도 제작, 쓰레기 투기지역 꽃밭 만들기 등 지역별 특화사업이 이어졌다. 이런 지역밀착형 사업이 이어지며 행정 사각 지대를 줄일 수 있었다. 2018년 11월부터 이듬해 9월까지 420여 명에게 공공일자리가 창출되고, 모두 4만 4000건이 넘는 일을 처리한 것으로 집계됐다. 분야별로는 순찰 활동, 환경 정비, 쓰레기

투기 계도, 취약계층 도움 활동, 생활 불편 해소 등이 많았다. 2020
년에는 행안부 주관 주민생활 혁신사례 확산 지원사업으로 선정돼
특별교부세 30억 원과 컨설팅 등의 지원을 받았다.

이 사업은 고령화와 1인 가구 등 개인적인 고립에 따른 고독사
자살 예방 등에도 도움을 주고, 침체된 구도심에 활기를 불어넣는
효과를 가져왔다.

"택배 보관에서 순찰까지, 포천에 행복마을 관리소 개소"
연합뉴스(2018년 12월 5일)

# 9

## 모든 재난도 결국은
## 사람이 지켜낸다

### 소방관 안전 확보와
### 처우 개선

이재명은 도지사 취임 첫날, 거창한 취임식 대신 재난상황실에서 태풍대비 재난안전 대책회의를 하며 업무를 시작했다. 도민의 안전을 최우선에 두겠다는 의지를 담은 것이다. 도민 안전보장을 위해 경기도가 가장 신경을 쓴 분야 중 하나는 소방관 안전 확보와 처우 개선이었다. 이재명은 화재현장 곳곳을 누비며 소방대원들로부터 직접 현장의 목소리를 청취한 뒤 특별지시로 '스마트 인명구조경보기' 개발에 나선다.

소방공무원들은 그동안 인식표와 인명구조경보기, 대원위치추적기 등 3종의 부착물을 착용하고 화재진압에 나섰는데, '스마트 인명구조경보기'는 1개 장비만으로 소방대원의 화재현장 진·출입

시간, 활동위치 모니터링, 위험 탈출을 알리는 경보 기능 등을 수행 할 수 있었다. 이에 따라 각종 장비를 착용하느라 무거운 중량을 감당해야 했던 소방대원들의 안전을 크게 개선할 수 있을 것으로 기대됐다. 2019 제3회 추가경정예산을 통해 관련 예산 20억 원을 확보, 전국 최초로 소방대원의 활동을 외부에서 실시간 모니터링 할 수 있는 첨단 IoT 기술 기반의 '스마트인명구조경보기' 개발해 4400대를 일선에 보급했다.

소방관 근무여건 개선을 위해서는 2년 동안 전체 34개 소방서를 대상으로 방화복 전용세탁기 41대, 세탁물 건조기 336대, 개인안전장비 보관함 2775개를 설치했다. 일반 세탁기에서는 세탁통이 회전하면서 발생하는 원심력 때문에 방화복이 손상될 수 있어 소방서에서는 전용세탁기가 필요했기 때문이다.

소방관에 대한 포상도 확대했다. 당시 3년간 5.5%에 불과한 소방공무원의 도지사 포상 비율을 2019년 6%, 2020년 7%까지 확대해 힘을 더해주기로 했다. 이러한 노력의 결과로 경기도는 행정안전부가 매년 발표하는 '지역안전지수'에서 광역자치단체 도 부분에 최우수 지역으로 연속해서 선정되는 기록을 달성했다.

> **"이재명, 경기도 올해 소방공무원 911명 채용**
> **… 안전에 우선 투자할 것"**
>
> MTN(2019년 2월 8일)

# 10

## 주거권 보장이
## 희망 사회를 만든다

**경기행복주택 확대, 저소득층 전세금 대출 지원,
공공임대주택 신혼부부·대학생·사회초년생 우선 공급**

부모에게서 막 독립한 청년과 새로 살림을 꾸리는 신혼부부에게 살 곳을 마련하는 일만큼 시급한 과제가 없다. 특히 저소득층 가정이 집 문제로 겪는 고통은 해가 갈수록 더해졌다. 이재명은 이들의 어려움 극복을 위해 적극적으로 나섰다. 저소득층 주거안정을 위해 임기 내에 도 자체 예산으로 4만1000가구의 공공임대주택을 공급하고, 저소득층 21만 1000가구에 대해 매달 약 15만 6000원의 주거비를, 이 중 집을 소유한 1천 가구에는 최대 1241만 원의 주택개량비를 지원하기로 했다.

'경기행복주택'을 2022년을 목표로 1만호까지 늘리기로 했다. 경기행복주택은 국토교통부가 젊은층 주거안정을 도모하고자 주변시세보다 저렴한 가격으로 공급하는 임대주택인 '행복주택'의 개념에 경기도형 주거복지정책을 더한 것이다. 출산에 따른 임대료 지원과 신혼가구 육아 공간 확대, 공동체 활성화 등 3대 특수지원 시책을 적용했다. 임대보증금을 주변시세의 60~80% 수준으로 저렴하게 공급하고, 표준 임대 보증금 대출이자의 40%~100%(기본 40%, 1자녀 60%, 2자녀 100%)를 경기도가 지원했다. 육아공간 확보를 위해 신혼가구에 공급되는 일부 세대의 면적을 확대하고, 공동체 활성화를 도모할 수 있는 주민 커뮤니티 시설을 마련한 것이 특징이다.

이와 함께 공공임대주택 6만1천호를 신혼부부, 대학생, 사회초년생에게 우선 공급하기로 했다. 젊은층의 주거안정을 통해 결혼을 유도하고, 저출산 문제를 함께 극복하기 위한 방안이었다. 취약계층에 대한 주거 금융지원도 확대했다. 매입임대주택 신규 입주자 2330가구에 대해 임대보증금을 호당 최대 200만 원까지 지원했다. 이밖에 신규 사업으로 취약계층 50가구에 대해 최대 1억 원까지 전세보증금을 지원하고 저소득층 860가구는 전세금 대출보증과 대출 이자를 지원했다.

이재명은 "최소한의 주거권을 공공이 보장해서 국민이 불안하지 않게 하는 것이 국가가 해야 할 최소한의 역할"이라고 강조하며 '기본 주택'관련 토론회 개최, 특별법 제정을 건의하는 등 도민들의 주거 진입 장벽을 낮추기 위해 함께했다.

## 이재명 "원하면 평생 사는, 안 쫓겨나는 공공주택 필요"

연합뉴스 (2021년 8월 5일)

# 11

## 사람과 동물이
## 함께 행복한 세상

반려동물 입양센터 개소,
길고양이 급식소 설치, 매매 제도 개선

2020년 12월 '경기도 반려동물 입양센터'가 수원에 문을 열고 공식 운영에 들어갔다. 이재명의 동물 복지 철학인 '사람과 동물이 함께 행복한 경기도 실현'을 위해 마련된 곳으로, 도심지 내 유기동물 입양문화 확산의 거점 역할을 맡았다. 교통이 편리하고 접근성이 좋은 수원시 인계동에 위치하며, 그동안 유기견의 훈련과 입양을 담당해온 화성시 마도면 소재 도우미견 나눔센터와 협력해 유기동물 안락사 최소화와 무료 분양을 도왔다. 도우미견 나눔센터에서 기본 행동교육을 3주간 받은 유기견 중 건강검진, 중성화 수술, 구충 및 예방접종, 반려동물 등록 내장형칩 시술 등을 완료한 건강한 동물을 분양했다. 총 면적 362㎡ 규모의 2개 층에 최대 10마리를 수용할 수 있는 동물보호실과 반려견 놀이터, 로비, 미용·목욕

실, 사무실, 반려동물 문화교육실, 다용도실, 회의실 등 각종 시설을 설치했다.

입양을 희망하는 도민은 반려동물 입양센터를 직접 방문하거나 인터넷 카페를 통해 입양신청서를 작성해 제출하면 상담을 통해 입양을 확정했다. 입양 전 예비보호자 교육을 받고 사료와 간식, 목줄 등 기본물품을 전달했다. 도는 이번 센터를 시작으로 사업성과 운영성과 등을 평가한 뒤 다른 시군에도 확산시켜 나갔다.

길고양이 급식소도 마련했다. 국민참여제도를 통해 채택한 아이디어로, 수원 소재 경기도청과 의정부 경기도청 북부청사 4곳에 마련했다. 급식소 관리인을 선정해 먹이와 깨끗한 물 공급, 수시 점검 등을 통해 주변을 청결하게 유지했다. 2021년 3월에는 화성시 마도면에 유기묘 전용 보호입양시설 '고양이 입양센터'가 첫 삽을 떴다. 반려묘 가구가 늘어나고 유기 고양이 보호 관리에 대한 사회적 관심이 높아짐에 따라, 유기묘에 대한 체계적인 보호와 입양을 담당하는 전문시설을 조성한 것이다.

89억의 사업비를 투입해 부지면적 4만 7419㎡에 지상 1층 연면적 1406㎡ 규모로 고양이 보호시설, 동물병원, 입양상담실, 격리실 등을 갖췄다. 무엇보다 강아지와 달리 개별 영역을 중시하고 햇빛을 좋아하는 고양이의 생태적 특성을 반영해 설계했다. 도내 유기동물 보호소에서 안락사 대상이 된 2개월 이상 유기 고양이를 선발해 건강검진, 예방접종, 중성화수술, 사회화를 거친 후 무료로 입양한다. 또 입양가족에 대한 사양관리 및 소양교육, 6개월 동안 행동 및 질병상담 등 사후관리를 통해 성공적인 입양을 도왔다. 도내 돌봄 취약가구를 대상으로 반려동물 의료 지원서비스를 시작했다. 저소득층과 1인 가구, 중증 장애인 등 도내 사회적 배려 계층이 기르는 고양이와 강아지 같은 반려동물의 의료 및 돌봄에 필요한 비용이 최대 20만 원 지원했다. 백신 접종비, 중성화 수술비, 기본 치료비와 더불어 최대 10일 동안 돌봄 위탁비도 지급했다.

2020년에는 '사람과 동물이 공존하는 세상'을 실현하기 위해 그 전해 예산 181억 원의 2배에 달하는 총 386억 원을 투자해 관련 사업을 진행했으며, 반려동물 매매 관련 제도 개선을 위한 간담회와 국회 토론회를 개최하는 등 한결같은 동물 사랑을 보여줬다.

> "이재명 지사는 사퇴했지만…
> 경기도 동물복지정책 차질 없이 추진"
> 데일리벳(2021년 10월 29일)

# 4부

## 국회의원 및 당 대표 시절

### 국회의원
- 제21대 2022년 6월~2024년 5월
- 제22대 2024년 5월~현재: 인천 계양구 을

### 더불어민주당 당 대표
- 제6대 2022년 8월~2024년 6월
- 제7대 2024년 8월~2025년 4월

# 1

## 다시, 국민의 것을
## 국민에게

### 제1호 법안,
### 불투명한 특혜 민영화 방지법 발의

공항, 철도, 전기, 수도 등 국민 모두가 공평하게 누려야 할 공공
서비스가 민영화로 인해 소수 특권층의 자산이 되게 할 수는 없었
다. 이재명은 민영화 과정을 보다 공정하고 투명하게 진행하기 위
해 국회의원 당선 후 '1호 법안'으로 민영화 방지법을 발의했다.

2022년 6월 '공공기관의 운영에 관한 법률 개정안'을 대표 발의
해, 기획재정부 장관이 민영화 계획 수립 과정부터 국회에 사전 보
고하도록 했다. 또한 정부가 공공기관 민영화를 위해 주식에 대한
주주권을 행사하거나 주식을 매각하는 경우 국회 상임위원회에 사
전 보고 및 동의를 받게 했다.

정부가 단독적으로 민영화 결정을 내리지 못하도록 하기 위한

'이중 장치'로 사실상 국회의 사전 동의 없이는 공공기관의 운영방침을 바꿀 수 없게 한 것이다.

기존 '공공기관 운영법'은 기획재정부 장관이 공공기관의 기관 통폐합·기능 재조정, 민영화 등에 관한 계획을 수립한 뒤에야, 국회 소관 상임위원회에 보고하도록 되어 있었다.

이재명은 국회에 제출한 개정안 발의서에서 "전기·수도·가스와 같은 필수에너지 및 공항·철도와 같은 교통은 모든 국민이 필요로 하는 필수재로서 경영효율성과 수익성뿐만 아니라 형평성·민주성 또한 지속해서 고려돼야 한다"며 "최근 신자유주의적 관점에서 논의되는 공공기관 민영화의 경우 국민의 대표인 국회에서 논의를 충분히 거쳐야 할 필요가 있다"라고 주장했다.

이재명은 앞서 국회의원 선거기간에 "국민 등골을 빼는 민영화를 허용해선 안 된다, 민영화 방지법을 민주당의 제1 주력법안으로 만들겠다"고 약속했으며, 소셜미디어에 '공약 1호 법안 민영화 방지법'이라고 남긴 바 있다. 이와 함께 '공항·철도·전기·수도 민영화 반대' 기자회견을 여는 등 정부가 충분한 여론 수렴 없이 임의로 공공기관 민영화를 추진하지 못하도록 주장해 왔다.

'민영화 방지법'은 이재명이 국회의원으로 막 당선되고 같은 달에 발 빠르게 움직여 발의한 법안으로, 국민들의 공공재산과 기본적인 삶을 지키기 위한 강력한 의지가 투영됐다.

# "이재명의 '1호 법안'은? … '민영화 방지법' 내용 보니"

경향신문(2022년 6월 28일)

# 2

## 살려고 빌린 돈 때문에
## 죽는 사람 없어야

**최고이자율 초과 이자 무효,
최고이자율 2배 초과 시 원금도 무효**

사채 빚. 단어만으로도 가슴 철렁하게 하는 말이다. 그동안 많은 서민들이 악질 사채로 인해 생사의 기로에 섰지만 손 내밀 곳 하나 없었다. 불법 대부업 관련 처벌이 약하다 보니 근절되지 않는다는 지적이 높았다.

이재명은 경기도지사 시절부터 '불법대부업과의 전쟁'을 선포, 공정특별사법경찰단을 출범하는 등 서민들의 삶을 옥죄는 불법 대부업을 근절하고자 노력해왔다. 당시 불법 대부업 집중수사에서 최고 3만 1000%의 고금리 불법 대부 행위가 적발되기도 했다.

이재명은 2022년 7월 '이자제한법과 대부업 등의 등록 및 금융이용자 보호에 관한 법률 일부개정법률안'을 대표 발의했다. 최고이자율을 초과해 금전계약을 했을 경우 이자를 무효화하고, 최고이자율의 2배를 초과할 때는 금전대차에 관한 계약 전부를 무효화하는 내용이다.

이재명은 "최근 주가·자산 시장 폭락에 금리 인상이 겹치며 가계부채 부담이 늘어 민생이 위협받고 있다"며 "빚 부담으로 소중한 생명을 포기하는 사례도 잇따르고 있어 대책 마련이 시급한 상황"이라고 지적했다. "특히 신용도가 낮아 제도권 금융을 이용하기 어려운 금융 취약계층이 고금리 사금융 대출에 내몰리면서 상당한 빚 부담을 지고 있는 것으로 나타났다"며 입법 취지를 설명했다.

아울러 정부·공공기관이 사용하는 단어나 상표를 사용해 국가지원 상품인 것처럼 혼동하게 하는 광고 행위 등을 금지하고, 실제 작성한 계약서와 다른 이중계약 행위를 방지하는 조항을 신설했다.

이재명의 발의로 시작된 법안은 윤준병 의원 대표 발의로 이어져, 마침내 2024년 12월 국회를 통과해 2025년 하반기부터 시행될 예정이다. 법안에 따르면 법정 최고 이자율 연 20%의 3배가 넘은 채무의 경우 이자는 물론, 원금까지 모두 무효화된다. 불법 사금융과 직접 관련된 범죄에 대해서는 처벌 기준 형량을 기존 징역 5년에서 징역 10년 이하로, 벌금은 기존 5천만 원에서 5억 원 이하로 상향 조정했다.

이재명은 "고리사채 근절은 제 소원이었는데 조금이나마 이루어진 것 같아 뿌듯하다"고 반겼다.

이재명 "빚 때문에 목숨 끊는 일 없어야
… '불법사채 금지법' 신속 처리"

동아일보(2024년 12월 21일)

# 3

## 당원이 주인인 민주당,
## 국민이 주인인 대한민국

### 정당 운영 방식의 혁신과
### 보궐선거 압승

이재명은 대선 패배라는 악재에도 불구하고 제6대 더불어민주당 당 대표 선거에서 77.77%라는 압도적인 지지를 받았다. 민주당이 전당대회를 통한 당 대표 선거제도를 도입한 이래 역대 최고의 득표율이었다.

이재명은 수락연설을 통해 "첫째도 민생, 둘째도 민생, 마지막 끝도 민생입니다. 평화도, 질서도, 경제도, 환경도 민생입니다"라며 국민 우선, 실사구시의 대원칙 아래 확고한 민생 개혁에 나설 것을 천명했다. 이와 함께 "국민의 삶이 반 발짝이라도 전진할 수 있다면 정부여당에 적극 협력하겠다"며 영수회의를 제안했다.

2022년 9월 당 대표로서 참석한 국회 첫 교섭단체 연설회의에선 민생 안정과 위기 극복을 위한 청사진을 제시했다. 먼저 기본소득 도입의 중요성을 강조했다. 생존을 위한 '최소한의 삶'이 아니라 '기본적인 삶'이 보장되는 사회로의 대전환을 고민해야 하며, 기본사회 정책이 대한민국에 새로운 활력을 불어넣을 것임을 강조했다. 박근혜 전 대통령의 미완의 약속인 모든 노인에게 월 20만 원을 지급하는 것, 윤석열 정부가 추진한 월 100만 원 부모급여도 모두 기본소득이라며 국민의힘도 함께 머리를 맞대줄 것을 요청했다.

또 연 3천억 이상의 영업이익을 내는 기업에 법인세를 깎아주고, 주식양도소득세 기준을 10억 원에서 100억 원으로 높이는 등 정부의 '서민 지갑 털어 부자 곳간 채우기' 정책은 민생·경제 위기의 근본원인인 양극화 불평등을 확대시킨다고 지적했다.

민생경제 위기 극복 방안으로는 불법사채 무효법, 이자폭리 방지법으로 불공정을 바로 잡고, 누구나 금융에 접근하고 기본적인 금융혜택을 누릴 수 있도록 기본금융제도를 마련하기로 했다.

또 자영업자 소상공인의 금리부담을 낮추고 신속한 채무조정으로 조기회생을 지원할 것, 태풍과 집중호우 등 재난상황시 지원액과 대상을 늘릴 것을 약속했다. 납품단가연동제로 고물가 부담을 원청과 하청업체가 나누게 하고 중소기업과 하청·납품업체의 단결권과 교섭권을 강화해 상생기반을 만들기로 했다.

국가균형발전을 위해서는 부울경, 충청권, 광주전남, 대구경북권의 메가시티 구상을 현실화해 수도권 1극 체제를 5극체제로 다변화하고, 제주, 강원, 전북을 특별자치도로 만들어 5극 3특 체제로 재편해 나가기로 했다.

인류가 해결해야 할 큰 숙제인 기후변화 위기 극복을 위해 '국회 기후위기 탄소중립 특별위원회' 설치를 제안하며 '탈석탄, 감원전, 재생에너지 확대'가 에너지 정책의 미래가 돼야 함을 강조했다. 풍력 발전 원스톱법과 분산에너지 특별법 제정, 에너지 고속도로 건설 등을 통해 전국 어디서든 누구에게나 재생에너지 생산·판매의 길이 열려야 한다고도 주장했다.

초저출산 대책으로는 영유아, 아동, 간병, 장애인, 어르신 등 '5대 돌봄 국가책임제'를 확대해 아동수당을 늘리고 아버지에게도 육아휴직을 할당하는 방안을 제시했다. 신혼집 마련 지원에도 앞장서기로 했다.

또 동일노동 동일임금 원칙과 비정규직 공정수당제를 안착시켜 임금격차를 줄이며, 기초노령연금은 월 40만 원으로, 모든 노인으로 점차 확대할 것을 제시했다. 청년일자리 확충과 스마트강군을 위해 선택적 모병제 도입에 힘쓸 것, 정년연장을 확대하되 청년 일자리와 상충되지 않도록 힘쓸 것도 함께 제시했다.

얼어붙은 북한과의 관계 극복을 위해 '외교가 경제이고, 평화가 경제'임을 강조하며, 북핵문제 해결을 위한 현실적 대안으로 '조건부 제재완화(스냅백)와 단계적 동시행동'을 제안했다. 약속위반 시 즉각 제재복원을 전제로, 북한의 비핵화 조치와 상응하는 대북제재 완화조치를 단계적으로 동시에 실행하는 것이다.

시대의 변화에 따른 헌법 개정의 필요성도 제기했다. 대통령 5년 단임제를 4년 중임제로 바꾸어 책임정치를 가능하게 하고, 국정의 연속성을 높여야 할 것을 주장했다. 이를 위해 '헌법개정특별위원회'를 구성할 것을 제안했다. 또 국회의원 선출 방식의 변경, 국회의원 소환제로 국회의원도 잘못하면 소환될 수 있게 하는 등 국민의 의지와 가치가 국정에 잘 수렴될 수 있도록 할 것을 제안했다.

생계의 고통, 최저 생활에서 벗어나 국민이 진정한 주인이 되고, 권리를 누릴 수 있는 선진사회를 만들기 위해 든든한 매트를 까는 작업을 시작한 것이다.

이재명, 강서구청장 선거 압승에
"더 겸허히 민심 받들겠다"
경향신문(2023년 10월 11일)

# 4

# 검찰 특활비·특경비 전액 삭감

**사용처 내역 공개 요구,**
**내역 공개시 협상 제시**

검찰의 특별활동비(특활비)와 특정업무경비(특경비)는 어떻게 쓰이고 있을까? 2023년 6월 한 언론사와 3개의 시민단체가 검찰을 상대로 정보공개 행정소송을 통해 특수활동비 등 일부 예산 자료를 받았다. 예산 검증 작업 과정에서, 검찰이 식당 이름과 카드 결제 시간 등을 지우고 업무추진비 영수증을 공개한 사실 등을 지적했다. '수사에 필요한 경비'라고 하지만 국민의 세금을 쓰면서 증빙 자료도 제출하지 않고, 사용 내역도 공개하지 않으니 특활비 논란은 이전부터 계속돼 왔다.

민주당은 특활비 등이 불투명하게 집행되고 있다며, 수차례에 걸쳐 검찰에 사용처를 제대로 입증하지 못하면 예산을 삭감하겠다는 방침을 밝혀왔다. 민주당이 삭감 의지를 보이자 검찰은 특경비의 구체적인 용처가 드러날 경우 수사 기밀 등이 유출될 수 있다며 경비를 사용한 시간, 당사자의 소속 등을 가린 채 일부 자료를 제출했다.

2024년 12월 국회예산결산위원회는 검찰의 특활비 80억 원과 특경비 507억 원 전액 삭감을 의결했다. 이재명은 "정부가 수정안을 내면 협상할 수 있다"고 말했지만 검찰과 국민의힘은 거세게 반대하며, "향후 모든 논의의 시작점은 단독 감액안의 철회"라고 주장했다.

이재명은 "우리가 깎은 건 (용처를) 알 수 없는 (수사기관의) 특수활동비, 특수업무경비"라며, "그걸 깎은 게 뭐가 문제가 되느냐. 필요하면 증명을 하라"며 단호한 모습을 보였다. 이 대표는 "안 싸우면 그런 부당한 주장과 정책들이 관철된다. 이런 것조차 정쟁이 된다"며 안타까워했다.

**이재명 "특활비 필요하면 증명하라…
야당이 예산 깎는 건 당연"**

한겨레(2024년 12월 2일)

# 5

## 금융투자소득세
## 폐지 동의 결단

코리아 부스트업 5대 프로젝트 제시,
공개 토론 통한 논의

2024년 9월 '제1회 민주당 정책 디베이트'가 많은 관심 속에 진행됐다. 당의 정책적인 이견을 가감 없이 드러낸 첫 공개토론이었다. '행복하고 정의로운 대한민국, 금융투자소득세(금투세) 시행은 어떻게?'라는 주제로 시행론과 유예론으로 나뉜 두 팀이 치열한 토론 배틀을 펼쳤다.

토론 결과 금투세 제도 존립 자체에 대해서는 큰 이견이 없었지만, 주가하락 등 부정적 영향이 클 것이라는 우려와 함께 상법 개정 등 '주식시장 밸류업 조치'를 선행해야 한다는 데 모두가 공감했다.

민주당은 '코리아 부스트업 5대 프로젝트'인 이사의 충실의무를 주주로 확대, 독립이사 의무화, 감사의 분리선출, 대기업 집중투표

제 활성화, 전자주총 의무화 및 권고적 주주제안 허용 등 관련 법안을 마련하기로 했다.

2024년 11월 이재명은 최고위원회의에서 토론회 결과 등을 바탕으로 "정부와 여당이 밀어붙이는 금투세 폐지에 동의하기로 했다"고 밝혔다. "원칙과 가치에 따르면 고통이 수반되더라도 (금투세를) 강행하는 것이 맞겠지만 현재 주식 시장이 너무 어렵다"며 정책 변화 결정 이유를 설명했다. 민주당은 우선 증시가 정상으로 회복하고 기업의 자금조달, 국민 투자 수단으로 자리 잡을 수 있도록 상법 개정을 포함한 입법과 증시 선진화 정책 마련에 집중하기로 했다.

이재명은 이후 '제2회 민주당 정책 디베이트'에 참석해 "주식시장의 구조적 문제에 대해서 깊은 논의가 필요한 시기가 됐다"고 말한다. "국민들이 자산 증식을 위한 투자수단으로 과거에는 주로 부동산에 의지해 왔다면, 앞으로는 금융시장 쪽으로 많이 중심을 옮겨야 되지 않을까 생각한다. 이와 관련된 장벽을 제거해야 할 필요가 있다"고 강조하며, 상법 개정에 관한 의견을 나눴다. '금투세 폐지 결단'은 더불어민주당이 민생정당으로 자리매김하려는 의지가 반영된 것이라는 평을 받으며, 당의 스펙트럼 확장을 알리는 또 하나의 계기가 됐다.

# 이재명 "금투세 폐지 동의 …현재 주식시장 너무 어려워"

경향신문(2024년 11월 4일)

# 6

## 계엄령 속
## 돋보인 리더십

### 유튜브 통해 생중계,
### 계엄령 해제요구안 가결

2024년 12월 3일 대한민국에서 믿지 못할 일이 발생했다. 대통령이 TV를 통해 긴급 대국민 특별담화를 하다가 느닷없이 비상계엄을 선포한 것이다. 1979년 10.26 사건 직후 45년 만에 선포된 비상계엄이었다. 군사독재 아래서 민주화를 이뤄내기 위해 피땀 흘린 국민들, 계엄령을 역사책에서나 보던 국민들은 경악을 금치 못했다.

이재명의 유튜브 채널이 켜졌다. 국회로 이동 중인 차 안에서 그는 비장한 목소리로 호소했다. "윤석열 대통령이 비상계엄을 선포했습니다. 국회가 비상계엄 해제 의결을 해야 되는데 군대를 동원해서 국회의원들을 체포할 가능성이 매우 높습니다. 국회로 와 주십시오. 국민 여러분께서 이 나라를 지켜주셔야 합니다."

이재명은 국군방첩사령부 체포조 명단 중 '최우선 체포대상자'로 분류돼 있었지만, 유튜브로 당시 상황을 생중계하며 국회정문을 막고 있는 병력을 피해 담을 넘어 국회 안으로 들어섰다. 목숨을 건 것이다. 당 소속 의원들에게는 국회로 긴급히 소집하라는 명령을 내렸다.

놀란 국민들은 국회 앞으로 뛰쳐나와 온몸으로 병력과 탱크를 막아냈다. 계엄군이 유리창을 깨고 국회의사당 본청까지 진입했지만, 신속하게 모여든 국회의원 190명은 비상계엄령 선포 후 155분 만에 계엄 해제요구안 가결을 이뤄낸다. 불안과 공포에 휩싸여 뜬눈으로 밤을 새운 국민들은 그제야 한시름을 놓았다. 대다수 국민의힘 의원들은 이때 국회로 가지 않고, 국민의힘 당사로 발길을 돌려 공분을 자아냈다.

계엄 해제 후 이재명은 비상의원총회를 소집해 윤 대통령의 즉각 퇴진을 요구하고, 이에 응하지 않는다면 탄핵을 추진하겠다는 입장을 당론으로 정했다. "윤석열 대통령의 계엄선포는 명백한 국헌 문란이자 내란 행위다. 계엄을 해제한다 해도 윤석열 대통령과 이에 가담한 인사들의 내란죄가 없어지지 않는다"며, "윤 대통령은 더 이상 정상적 국정 운영을 할 수 없음이 온 국민 앞에 명백히 드러났다. 즉각 대통령에서 물러나는 것이 국민의 명령"이라는 입장을 분명히 했다.

2024년 12월 14일 마침내 국회본회의에서 대통령 탄핵소추안이 의결됐다. 위기에 강한 이재명의 리더십이 발휘된 시간이었다.

'담 넘는 이재명' 240만명이 봤다
… 유튜브·SNS에 생중계된 비상계엄

서울신문 (2024년 12월 4일)

# 7

## 전세사기 사회적 재난 규정,
## 피해자 구제 활동

### 선구제 후구상,
### 구제 사각지도 해소 위한 개정안 추진

2023년 초 전세 사기 피해자 3명이 잇따라 스스로 목숨을 끊었다. 인천 전세사기 '건축왕'은 190여 명의 임차인으로부터 148억 원대의 전세 보증금을 빼돌렸으며, 부산에서는 180억 원대의 전세 사기 사건이 발생했다. 피해자만 2천 5백명이 넘어섰다.

2025년 3월 기준 전세사기 피해자는 누적 2만 7천 명을 넘긴 상태이다. 이 가운데 사회 초년생과 신혼부부에 해당하는 30대 이하 청년층 비중은 전체의 4분의 3을 차지하고 있다. 억울하게 빚까지 지고 길에 나앉게 된 임차인들의 고통은 이루 말할 수가 없었다.

이재명은 전세 사기를 '사회적 재난'으로 규정하고, 정부에 "어떤 대책이든 좋으니 전세사기 피해자를 보호할 수 있는 실질적인 방안을 마련해 달라"고 요구했다.

민주당은 이미 공공기관이 피해 임차인의 보증금 변환 채권을 사들여 피해를 우선 구제하는 '선 지원 후 구상권 청구', '깡통전세·전세사기 피해자 구제 특별법' 마련 등을 정부에 건의했으나 받아들여지지 않았다.

민주당은 당내에 전세사기 특별위원회를 설치하고, 전세사기 피해 고충 온라인 접수센터를 개설했다. 전세사기 특별법 개정도 계속해서 추진했다. 전세사기 대책 기자회견, 피해자 간담회 등을 통해 피해자들의 절박한 심정을 귀담아들었다. 이재명은 정부와 여당을 향해 "연간 6조원이 넘는 초부자 감세는 과감하게 해치우면서, 극히 소액인 전세사기 피해보상 예산에는 너무 인색하다"고 지적했다.

이재명은 인천과 부산 등으로 피해자들을 만나러 갔다. 인천 전세사기 피해 현장, 부산지역 전세사기 피해자 현장간담회 등을 연달아 찾았다. 피해자들과 만난 자리에서 이재명은 "정부가 왜 존재하는가" 질문을 던지며, "전세 피해는 국가 제도의 미비함, 제대로 갖추어지지 못한 제도 때문에 생긴 문제이다. 그런데 지금은 각자 알아서 대처하는 것으로 방치되고 있는 상태"라고 지적했다. '선 구제, 후 구상'의 내용이 담긴 전세사기대책 특별법 입법을 재차 약속하며, "무이자로 일정 기간 피해액의 일부를 대출해 줘 회생할 기회를 부여하는 제도도 도입해야 된다"고 강조했다.

# 이재명 "전세사기법 28일 통과시킬것
…정부가 피해자 사지로 몰아"

연합뉴스(2024년 5월 17일)

# 8

## 과학 기술로
## 미래 성장 동력 창출

**미래 거버넌스 위원회,**
**AI강국 위원회 출범**

    윤석열 정부는 2024년 예산안에서 R&D 분야 예산을 2023년 대비 5억 2000억 원 감소한 1조 1000억 원으로 편성했다. 감소율이 무려 16.6%였다. R&D 예산은 국가 미래 경쟁력 확보를 위한 것으로, IMF 외환위기 시기에도 축소되지 않았다. 1991년 이후 무려 33년 만에 감소한 것이다. 첨단 과학과 기술력이 경쟁력인 시대에 정부의 이같은 선택은 과학계의 거센 반발을 불러오며 우리나라가 IT 강국의 위상을 이어갈 수 있을지 깊은 우려를 자아냈다.

    이재명은 평소 '미래산업에 대한 핵심투자'를 강조하며 AI 시대를 선도할 수 있는 방안을 모색해 왔다. R&D 예산 삭감은 그에게 있을 수 없는 일이었다. 이재명은 대덕특구를 방문하고, 스타트업 페스티벌 등에 참석해 "젊은 연구자들이 연구직에서 쫓겨나거나 생계에 위협을 겪는 황당무계한 일이 대한민국에서 벌어지고 있다"며, "결코 21세기 선진 경제 강국에는 일어날 수 없는 해괴한, 있을 수 없는 일"이라고 비판했다. 이와 함께 "반드시 R&D 예산을 복원해 국민의 걱정거리를 덜고 젊은 연구자의 희망을 꺾지 않는 토대를 갖춰 나가겠다"고 약속했다.

민주당은 AI와 기후위기, 저출생 등 미래 과제 해결을 위한 정책을 마련하기 위해 전담 조직을 꾸렸다. 미래 위기를 기회로 만들어 대한민국의 미래 전략을 준비하는 '미래 거버넌스 위원회'가 조직되었다. 기후위기나 소외계층 문제, 팬데믹, 인류학, 빅데이터, AI 등 관련 분야의 국내외 석학들로 구성된 이 위원회의 위원장은 이재명이 직접 맡았다.

기존에 태스크포스(TF) 형태로 논의해왔던 AI 의제도 당 차원에서 'AI 강국 위원회'를 구성했다. 이재명은 'AI 강국 위원회' 출범식에 참석해 "최근 몇 년을 허송세월 하는 바람에 (과학 기술 발전이) 상당히 많이 타격을 입었다"며, "이제 인공지능을 중심으로 한, 기술 과학의 시대에 맞는 정책을 준비하자"고 강조했다.

이재명, 대덕특구 찾아 "R&D 예산 복원에 당력 총동원"

동아일보 (2023년 11월 15일)

# 9

## 공정한 사회,
## AI 강국 위한 해결책 모색

**마이클 샌델 이어
하라리 작가와 대담**

    2025년 3월 22일 이재명은 세계적인 베스트셀러『사피엔스』의 저자이자 이스라엘의 역사학자, 유발 하라리와의 대담을 생중계해 큰 주목을 받았다. 2021년 '기본 소득'에 관해 나눈 대담에 이어 두 번째 만남이었다. 이재명은 이전부터 국내외의 당면한 문제에 대해 해결방안을 모색하며 세계적인 석학들과 지혜를 모아왔다.

    2022년 대통령 선거 후보 시절에는 전 세계에 '정의' 열풍을 불러온『정의란 무엇인가』의 저자, 하버드대 교수인 마이클 샌델과 '대전환의 시대, 대한민국은 어떻게 공정의 날개로 비상할 것인가?'를 주제로 화상 생중계 대담을 가졌다.

    '정의'에 대해 깊이 성찰하고, 체계화한 세계적인 석학이 특정 대선 후보와 대담을 펼친다는 것 자체가 크나큰 이슈였다. 또 이재명의 관심사가 어디에 있는지 여실히 보여준 시간이었다. '공정'은 이재명이 정치를 시작한 이유이자, 정계에 입문해 꾸준히 최우선으로 여겨온 가치였기에 이재명은 많은 고민과 질문을 꾹꾹 담아 대담을 진행했다.

대담은 극심해지는 양극화에 대한 고민으로 포문을 열었다. 마이클 샌델은 "빈부격차가 심해지는 것은 신자유주의의 세계화뿐 아니라 성공에 대한 우리의 태도에 달려있다"며 "자신의 성공은 스스로의 노력의 결과물이라고 생각하는 자만심에 있다"고 기득권 계층에 진입한 사람들의 '공정하다는 착각'에 대해 지적했다. "부모나 가족의 배경과 상관없이 이뤄질 수 없는 일이며, 수능을 통한 입시 경쟁 역시 더 유리한 학습 환경을 제공받을 수 있는 부유계층에 더 좋은 기회"라고 강조했다.

이와 함께 "더 큰 평등을 위해 시작했던 '능력주의'가 '불평등'을 강화하는 것이 되고 말았다"고 능력주의에 대한 엄청난 결함을 지적하며 "의료나 교육, 존엄성, 동등한 시민권, 적정한 삶의 수준의 보장 등 주요 분야에 대해서는 기존의 시장주의적 관점 보다는 공동의 책임과 의무가 논의해야 한다"고 강조했다.

이재명은 동의하며 "형식적 공정과 실질적인 공정이 다르며, 출발점에서의 평등을 고려해야 한다"며 "소수·취약계층에 대한 할당제를 폐지하는 것은 위험한 생각"이라고 강조했다. 정치 분야의 역할에 대해서는 "힘든 곳은 더 많이 배려하고 더 짧은 곳은 더 길게 지원해주는 것"이라며 "개인적 영역에서는 경쟁 자체가 단일한 기준에서 이뤄지지만 정치는 자원을 재분배하는 권한을 갖고 있기 때문에 경쟁의 룰에서 '형식적 공정'이 아닌 '실질적 공정'이 가능하도록 배려해야 한다"고 평소의 소신을 밝혔다.

또 "기후위기나 디지털전환을 포함해 인류역사에 기록될 만한 대대적 변화가 결국 정의로운 전환, 누군가가 심각하게 배제되지 않고 모두가 전환의 기회를 누릴 수 있어야 한다"고 강조하며 해결책을 모색했다.

마이클 샌델은 이에 대해 "공정한 기회에 관한 담론보다는, 민주주의 사회는 결국에는 투표, 선거에 관한 것만이 아니라 각각의 배경이 다른 각자의 민주 시민들이 모여 공동선을 함께 논의할 수 있어야 한다"고 강조했다.

이와 함께 "이번 대담에 이재명 후보와 참여하게 돼 굉장한 영광이었으며, 이재명 후보의 국가를 위한 계획을 볼 수 있는 기회가 됐다"고 덧붙였다.

이재명은 미래 세대 먹을거리를 위한 화두로는 'AI 강국을 위한 역량 강화'에 집중하며 관련 간담회와 토론회 등을 개최하며 실질적인 방법을 찾아나갔다.

AI 관련 세계 석학들을 초청해 국회에서 'AI 시대, 미래를 말하다'를 주제로 대담을 펼친 데 이어, 더불어민주당 민주연구원이 'AI와 대한민국, 그리고 나'를 주제로 개최한 대담에서 AI 강국 비전과 청사진을 밝혔다.

그는 "제가 꿈꾸는 기본사회, 국민들의 삶이 공동체에 의해서 보장되는 사회를 만들기 위해서는 재정력이 필요한데, AI가 그 길을 열어주지 않을까 한다"면서 AI 발달에 따른 생산성 증대로 분배 문제를 해결할 수 있다는 기대감을 나타냈다.

또 "모든 국민들이 무료로 생성형 인공지능(AI)을 쓸 수 있는 기회를 만들고 싶다"며 "AI 발달로 인한 생산성 증대를 특정 개인과 기업이 독점하지 않고 국민 모두가 함께 공유할 수 있는 세상을 만들고 싶다"고 강조했다.

이와 함께 "우크라이나 전쟁도 드론 전쟁인데 수십만 젊은 청년들이 왜 군대에 가서 저렇게 막사에 앉아 세월을 보내고 있냐"며 "결국 다 드론·로봇·무인으로 갈 텐데 국방을 AI화 해야 한다"는 입장을 표명했다. 모든 국민을 대상으로 한 인공지능 교육의 필요성도 강조했다.

이어 "인공지능에 투자해야 하는데, 그중 일부를 국가가 가지고 있으면서 투자로 인해 발생하는 생산성 일부를 국민 모두가 나눌 수 있는 것도 가능하다"며 "일례로 한국에 엔비디아 같은 회사가 하나 생겼다면, 70%는 민간이 가지고 30%는 국민 모두가 나누면 굳이 세금에 의존하지 않아도 되는 사회가 오지 않을까"라는 견해를 밝혔다.

국민이 국가의 투자를 통해 AI 기업의 성장에 참여하고, 그로 인한 경제적 혜택을 나눠 가질 수 있는 모델을 제안한 것이다. 실제 대만과 싱가포르 등에 이와 유사한 사례가 있어 국가 경제 발전과 국민 복지를 함께 실현하고 있다.

하지만 국민의힘과 일부 보수 진영에서는 이재명의 발언을 두고 '사회주의적 접근'이라며 맹공을 퍼부었다.

이에 대해 이재명은 "국민의힘은 이걸 가지고 '사회주의, 공산당'을 운운하는데, 이런 정도의 지식수준과 경제 인식으로는 험난한 첨단 산업 시대의 파고를 넘어갈 수 없다"며 "지금이라도 생각을 바꿔야 할 것"이라고 주장했다.

AI를 통한 생산성 증대와 이에 따른 부의 분배라는 화두를 던지고, 또 이를 통한 '기본사회' 실현을 연결시키며 진일보한 사회를 위한 토대를 차근차근 만들어간 것이다.

『사피엔스』에 이어 AI의 위험성을 경고한 책 『넥서스』를 펴낸 유발 하라리와의 대담에서는 AI가 우리의 사회에 미칠 영향과 관련 정책 마련을 위한 논의를 펼쳤다. 역시 '공정'의 가치가 뒷받침됐다.

이재명은 "AI는 생산성 확대라는 인간에게 유용한 수단을 제공하지만, 인간의 삶을 궁극적으로 행복하게 만들 것인가? 현재 상태로 방치하면 나쁜 세상이 만들어질 가능성이 높다"는 의견을 밝혔다. "기술발전의 성과를 특정 부류가 독점한다면 양극화 심해질 것이므로, 공적 영역의 역할이 크고, 책임감을 느낀다"며 "인공지능이 지배하는 세상에 대한 새로운 설계가 필요하다"고 강조했다.

또한 "국가공동체가 산업발전에 투자를 해서 투자 이익의 상당 부분을 나누는 것, 국부펀드로 투자하는 것은 어떨까라는 말을 했다가 공산주의자라고 비난 받았다"고 말했다.

유발 하라리는 이에 대해 "다른 정치인들은 관심 없어 하던데 AI에 관련해 가장 큰 문제를 말하고, 이런 자리를 갖고 정책적인 해결을 생각하는 정치인이 있다는 게 정말 긍정적인 사인"이라고 말했다.

또 AI 시대에 있어 정부의 적극적인 역할을 강조하며 19세기 산업혁명 당시 기업들이 아동 노동을 착취한 것을 예로 들었다. "학교에 갈 아이들이 공장에 있게 됨으로써, 결과적으로 국가 경쟁력이 떨어졌다"며 "일자리 시장은 미래에 어떤 모습이 될지 아무도 모른다. 그래서 원칙적으로 봤을 때 정부가 반드시 개입해야 한다"고 강조했다.

이와 함께 "AI 혁명은 한 번의 이벤트가 아니라 혁명이고 이제 시작일 뿐이며, 단순히 재정적 지원을 넘어 변화에 적응하는 과정에서 사람들이 큰 스트레스를 받을 것이고 정신 보건에 대한 심리적 지원도 많은 투자를 해야 한다"고 덧붙였다. AI를 인간의 통제 아래에 두기 위해서는 신뢰가 핵심이며, 세계 지도자들이 국가 간 신뢰를 파괴하고 있는 상황에 대한 우려를 나타냈다.

이번 대담으로 AI를 화두로한 대전환의 시대에 있어 한국의 정치, 경제, 사회 각 분야에 미칠 파급력을 세계사적 흐름과 연결시켜 논의하며 대안을 모색해 볼 수 있었다.

*유발 하라리 만난 이재명*
*"정부, AI 분야 민간 전문성 존중해야"*
채널A(2025년 3월 22일)

# 10

## 트럼프 시대,
## 기회와 변화를 모색하다

### 자동차·조선 산업 등
### 활로 개척 논의

　도널드 트럼프 전 미국 대통령이 2024년 11월 5일 미국 대통령 선거에서 재선에 성공했다. 트럼프는 취임 직후부터 '자국 우선주의'를 내세우며 글로벌 관세 전쟁을 예고했다.

　이재명은 "트럼프 행정부발 관세 위기는 기업들의 고군분투만으로는 해결할 수 없다"며, 정부 여당을 향해 '국회 통상지원위원회' 구성을 거듭 제안했다.

　삼성, 현대자동차, SK, LG 등 4대 그룹 싱크탱크 임원들을 비롯한 경제계 인사들을 초청해 '트럼프 2.0 시대 핵심 수출기업의 고민을 듣는다'는 주제로 간담회를 개최했다. 이재명은 "수출 기업과 경제인들이 필요로 하는 것들을 가능한 범위 내에서 신속하게 만들어내는 것이 목표"라며, 기업의 목소리를 최대한 반영한 정책을 추진하겠다고 약속했다.

'트럼프 시대: 한미동맹과 조선산업·K-방산의 비전' 현장 간담회에서는 "대한민국의 조산선업이 경쟁력 우위를 갖고 있는 부분을 잘 살려서 미국과 협력할 수 있다면 또 하나의 기회가 될 수 있다"고 말했다. 또한 조선산업 자체뿐 아니라 조선 분야 방위산업에서도 일정한 활로를 개척할 수 있다는 의견을 표명했다.

현대자동차 아산공장에서 열린 '국제 통상 환경 변화 대응방안 모색을 위한 자동차 산업 현장 간담회'에서는 "정부 차원, 정치적 차원에서 국내자동차 산업보호, 국내 일자리 확충을 위해 분명한 역할을 할 것"이라고 강조하며, "국내 산업 보호와 국내 생산소비 확충을 지원하기 위한 세제제도를 도입할 필요가 있다"고 덧붙였다.

이재명은 지난 대통령선거 후보자 시절 비트코인 등 가상자산 과세 1년 연기와 공제금액 확대 등을 대선 공약으로 내건 바 있다. 트럼프의 관세 정책에 대처하며 '위기를 기회로' 삼기 위해 이재명의 실용주의 노선은 경제 위기를 극복하는 열쇠가 될 것이다.

## 이재명 "이념·진영이 밥 먹여주지 않아 ···실용주의가 성장발전 동력"

연합뉴스(2025년 1월 23일)

# 11

## 윤석열 파면

나라의 큰 고비,
국민들과 함께 넘다

"피청구인 윤석열 대통령을 파면한다."

2025년 4월 4일 11시 22분 윤석열 탄핵이 인용됐다. 이재명은 긴급 기자회견을 열고 "세계 역사상 비무장 국민의 힘으로 무도한 권력을 제압한 예는 대한민국이 유일하다"며 "이제부터 진짜 대한민국이 시작된다"고 그동안 길고 긴 시간을 견뎌준 국민들에게 감사와 희망의 메시지를 전했다.

윤석열이 비상계엄을 선포한 지 122일, 탄핵소추안이 접수된 지 111일, 탄핵 심판 종료를 마친 뒤 39일 만이었다. 춥고 긴 싸움이었다. 노무현 전 대통령의 경우 변론 후 14일, 박근혜 전 대통령은 11일 만에 결론이 난 전례 등을 바탕으로 3월 중순에는 탄핵 결론이

날 것이라는 전망이 높았다.

하지만 평의는 길어지고, 이 와중에 법원은 윤석열을 석방하고, 대검은 구속취소 즉시항고를 포기하며 법의 탈을 쓴 '탈옥'을 도와 온 국민을 경악케 했다. 사법 카르텔의 횡포가 여실히 드러난 것이다. 사회 불안과 혼란이 가중되고, 경제적 피해가 걷잡을 수 없을 만큼 커졌다. 잠 못 드는 밤이 이어졌다.

시민들은 하루하루를 안타까워하며 거리로 쏟아져 나왔다. 이재명은 광장에서 시민들과 함께 하며 국정 정상화에 총력을 기울였다. 헌재의 판결이 길어지자 광화문 광장에 '천막 당사'를 설치했다. 2013년 이후 12년 만이었다. 내란 사태로 무너진 민주주의를 바로 세우고 헌정질서를 수호하는 현장 전초 기지의 역할을 담당하기 위해서였다. 본격적인 아스팔트 정치가 시작된 것이다.

민주당 의원들의 단식, 삭발 투쟁이 이어졌으며, '내란 수괴 윤석열 파면 촉구 더불어민주당 국회의원 도보행진'을 전개했다. 더디 오는 봄, 추운 날씨 속에서도 국민들과 한마음으로 민주주의 수호를 위해 걷고 또 걸었다.

또한 국민들에게 '선고 지연 헌법재판소에 대한 윤석열 즉각 파면 촉구 전국 시민 서명'에 참여할 것을 독려하며 "12월 3일 계엄군의 군홧발을 온 몸으로 막아내 주신 것도, 탄핵열차를 국회로 헌재로 향하게 해주신 것도 모두 위대한 우리 국민"이라며 "다시 한 번 주권자의 힘으로, 헌정질서를 회복하고 대한민국의 저력을 전 세계에 증명해내자"고 강조했다.

최상목 부총리가 헌재의 결정에 따르지 않고 마은혁 헌재 재판관

임명을 보류하자, 헌법을 흔드는 일체의 행위를 중단하라며 즉시 임명을 촉구했다. 국가의 큰 위기 극복을 위해 '야5당 공동 내란종 식·민주헌정수호를 위한 윤석열 파면 촉구 범국민대회'를 지속적 으로 전개하며 야당의 힘을 한데 모았다.

이밖에도 국난 극복을 위한 시국간담회, 윤석열 즉각 파면을 위한 제정당 전국 긴급 집중 행동 선포 기자회견 등에 함께하며 헌재에 대한 압박 수위를 높여갔다.

이재명은 "우리 국민들이 모두가 합의한 이 나라 최고의 합의, 법률보다 더 높은 헌법이라고 하는 기본적인 질서는 지켜야 하지 않겠냐"며 "국민적 상식과 역사적 소임에 어긋나는 그런 결정을 어떻게 하겠느냐"며 헌재의 신속하고 적절한 판결을 요구했다.

그사이 탄핵 기각으로 직무에 복귀한 한덕수 국무총리에게 민주당은 4월 1일까지 마은혁 후보를 임명하지 않으면 중대 결심을 하겠다는 강경한 입장을 보였다. 그리고 4월 1일 마침내 탄핵 선고 기일이 지정됐다.

이재명은 12.3 비상계엄 이후 혼란한 정국을 수습하면서 민생 경제도 꼼꼼히 챙겼다. 이재용 삼성전자 회장을 만나 청년의 사회 진출 지원 방안과 함께 경제 현안에 대해 논의했다. '삼성 청년 SW 아카데미'에서 열린 청년 취업 지원을 위한 현장간담회에서 이재명은 "기업이 잘돼야 나라가 잘 되고, 삼성이 잘 살아야 삼성에 투자한 사람들도 잘 산다"고 말했다. 또한 "지금 경제상황이 매우 어렵기는 한데, 그래도 결국 우리의 역량으로 의지로 잘 이겨낼 거라고 생각한다"며 응원의 메시지를 보냈다.

한국경제인협회와 민생간담회를 열어 기업 활동 지원을 위해 정치권이 도울 수 있는 방안도 모색했다. 민주당과 한국경제인협회가 공개적으로 만난 것은 10년 만의 일이었다.

이재명은 "공정한 환경 속에서, 공정하게 경쟁해서 특히 전 세계를 상대로 시장을 넓혀가야 하기 때문에, 우리 정치권이 할 수 있는 최대한의 노력을 함께 하겠다"며 "개별 기업 단위로 하기 어려운 측면이 있는 부분에 앞으로 국부펀드든, 국민펀드든, 아니면 국가의 지원을 넘어서서 국가적 차원의 투자라도 함께할 수 있는 그 길을 열어야 할 것"이라고 밝혔다.

'중소상공인·자영업자 생존권 촉구대회'에도 함께 했다. "안 그래도 어려운 상황에서 이 내란사태가 많은 사람들의 심기를 위축시키고, 또 최근에 그 상황이 몇 달간 계속되다 보니까 엄청나게 움츠러든 것 같다"며 "여러분의 삶도 대한민국의 미래도 결국 국민 중심으로 다시 재편되어야 될 것"이라고 강조했다.

이재명은 더불어민주당 민생연석회의 공동의장을 맡아, 자영업·금융·주거 대책 등을 총망라한 '20대 민생의제'를 발표했다. 지역화폐, 주 4일제, 가산금리 인하 등의 이슈를 포함해 중소상공인·자영업위원회 7개 의제, 노동사회위원회 7개 의제, 금융·주거위원회 6개 의제와 60개 정책 과제를 내놨다. 혼돈의 정국 속에서도 내일을 위한 준비를 놓치지 않은 것이다.

비상계엄이라는 대혼란 속, 국민들의 간절한 바람에 힘을 실어주고 내란 수괴를 옹호하는 여당까지 감당해야 하는 몫을 떠안은 야당 대표. 그 무거운 중압감 속에서도 이재명은 그동안 공정한 사회를 꿈꾸며 쌓아온 경험과 강인함을 무기로 위기 극복이 무엇인지를 보여줬다.

12.3 내란을 계기로 우리 사회 구석구석 내재된 허점들이 여실히 드러났다. 마구잡이로 비상계엄을 선포할 수 있는 법적·제도적 문제 개선, 내란을 돕고 옹호한 자들에 대한 처벌, 대놓고 탈옥을 자행하는 사법부의 개혁, 특히 이 과업들을 실천할 수 있는 사람이 대한민국의 수장이 돼야 아스팔트 위에서 간절히 염원했던 '진짜 대한민국'이 이뤄질 수 있을 것이다.

## 대통령 윤석열 파면
## [헌법재판소 결정문 전문]
동아일보(2025년 4월 4일)

# 위기에 강한 리더 이재명

성남시장에서 21대 대통령 후보가 되기까지,
성과로 증명한 유능한 리더십

ⓒ 오세진, 이연

2025년 4월 30일 초판 1쇄 발행
2025년 5월 15일 초판 2쇄 발행

**지은이**  오세진, 이연
**기획**  잼잼자원봉사단, 문화강국네트워크
**진행**  스토리텔링콘텐츠연구소
**펴낸이**  김재범
**펴낸곳**  (주)아시아
**출판등록**  2006년 1월 27일 제406-2006-000004
**호전자우편**  bookasia@hanmail.net

ISBN  979-11-5662-790-6  03340

*이 책 내용의 전부 또는 일부를 재사용하려면 반드시 저작권자와 아시아 양측의 동의를 받아야 합니다.
*제작·인쇄 및 유통상의 파본 도서는 구입하신 서점에서 바꿔드립니다.
*값은 뒤표지에 있습니다.